靳国君 著

陆游

铁马冰河入梦来

北方文艺出版社

图书在版编目（CIP）数据

陆游：铁马冰河入梦来 / 靳国君著．-- 哈尔滨：北方文艺出版社，2019.1

ISBN 978-7-5317-4304-0

Ⅰ．①陆… Ⅱ．①靳… Ⅲ．①陆游（1125-1210）- 人物研究②陆游（1125-1210）- 诗歌研究 Ⅳ．①K825.6 ②I207.22

中国版本图书馆 CIP 数据核字（2018）第 135794 号

陆游：铁马冰河入梦来

Luyou Tiema Binghe Rumenglai

作　者 / 靳国君

责任编辑 / 路　嵩　张贺然

封面设计 / 琥珀视觉

出版发行 / 北方文艺出版社

邮　编 / 150080

发行电话 /（0451）85951921 85951915

经　销 / 新华书店

地　址 / 哈尔滨市南岗区林兴街 3 号

网　址 / www.bfwy.com

印　刷 / 三河市嵩川印刷有限公司

开　本 / 710mm×1000mm　1/16

字　数 / 130 千

印　张 / 13

版　次 / 2019 年 1 月第 1 版

印　次 / 2020 年 8 月第 3 次印刷

书　号 / ISBN 978-7-5317-4304-0

定　价 / 36.00 元

序

傅道彬

靳国君先生一直有着浓厚的学术兴趣，倾心于知识的追求，让精神时时沐浴在古典文学与艺术的朗照里。退休以后，他不是优哉游哉地徜徉山水，或者天地玄黄地谈论养生，而是了却繁华，甘于平淡，躲进书斋，沉潜学术，夜寐夙兴，著述不辍。前些时刚参加了关于他的京剧摄影艺术展览，这几天又收到了他关于陆游文学研究的煌煌大作。他的《陆游》是用心、用力、用情的热血宏文，是兼史、兼传、兼评的诗意长篇。

陆游是以近于“完人”的形象出现在中国文学史上的。“剑南诗万篇，半洒神州泪”，作为一个伟大的爱国者，他像屈原一样，在南宋风雨飘摇的政治环境里，一生都在为恢复中原、统一中国而歌唱。爱国主义成为他诗歌的主旋律，诗人至死都在梦想着“王师北定中原日，家祭无忘告乃翁”。钱钟书先生在《宋诗选注》里说："爱国情绪饱和在陆游的整个生命里，洋溢在他的全部作品里；他看到一幅画马，碰见几朵鲜花，听了一声雁唳，喝几杯酒，写几行草书，都会惹起报国仇、雪国耻的心事，血液沸腾起来，而且这股热潮冲出了他的白天清醒生活的边界，还泛滥到他的梦境里去。这也是在旁人的诗集里找不到的。"

作为诗人，陆游被称为是"南渡诗家之冠"。清代文艺理论家沈德潜说："放翁七言律，队仗工整，使事熨帖，当时无与比埒。"清代诗人、戏剧家舒位干脆把陆游推举为杜甫、李商隐之后七律发展史上的第三座高峰。陆游诗歌以奔涌豪放的激情，洗去形式主义的铅痕粉渍，充满了阳刚健朗的审美风格。对此梁启超在《读陆放翁集》中充满激情地写道："诗界千年靡靡风，兵魂销尽国魂空。集中十九从军乐，亘古男儿一放翁。"作为名臣，陆游不论就任何处，都能为官一任，造福一方，心中常常牵系着百姓温饱，关注百姓生活。他像杜甫一样，为百姓离乱动荡的生活扼腕悲歌，掩泪太息。作为世俗生活中的普通人，他也有儿女情长、世俗悲欢。一曲《钗头凤》，足以让天下有情人动容失色。而面对人生的起伏跌宕，他并非一味地悲愤激昂，也常常静下心来，描绘着乡野的"衣冠简朴古风存"，倾听着市井的"明朝深巷卖杏花"。他像陶渊明一样，在平凡的生活中，"咀嚼出日常生活的深永的滋味，熨帖出当前景物的曲折的情状”。诗不仅是宏大的历史叙事，更是细致入微的生活体味，“歌声即生存”，真正的诗是寓于日常生活的。陆游的诗像屈原、像杜甫，也像陶渊明，而又不全然是他们，他是融会贯通，守正出新，自成格局，别开生面。

“心向往之”构成了靳国君先生这部《陆游》书写的内驱动力和行动纲领。全书用诸如“八年离乱”“国破之恨”“科考惊变”“敢谏直言”“乡居岁月”“万里入蜀”“烽火前线”“高龄入朝”“千古绝唱”等二十五组短语作为每章题目，宛如国画中简明有力的线条，勾勒出陆游一生的生命和艺术历程。应该说，“陆游”并不是特别好把握的选题，但有了靳国君先生深刻的理性观察和他富有表现力的生花妙笔，一切都变得疏朗清晰、摇曳多姿。

为了最大可能地还原陆游生平的本貌，靳国君先生认真梳理文献，出入浩繁的典籍，端详比对，索隐钩沉，不辞考据，多有发现。例如他认为尽管陆游少有诗名，但绝不是简单的天赋异禀，而是积学储宝，渊源有自：一是他有青云之志，年幼时即奋力功课；二是家学深厚，长期浸染，确是寻常人家难以比拟的；三是有山阴（绍兴）乡风的文化哺育沾溉——这里是勾践“十年生聚，十年教训”的雪耻之乡，是子贡借孔子语感叹“郁郁乎文哉”的崇礼之地，是王充辞官大力兴学的课徒之所。再如，靳国君先生写到南宋的偏安政治、文人集团，从不随便落墨，而先要做到于史有据。这种表达带来的必然是真切的现场感、带入感，如此，久远的历史一时近在咫尺，触手可及。

“何方可化身千亿，一树梅花一放翁。”陆游是“梅痴”，有梅花情结，他的咏梅诗逾百首，每到一处他必去访梅，访梅如访故人。作者用了很大篇幅来写陆游与梅：“小儿曾问他何以看重梅花？陆游说，在其气节、操守、风骨、格调。他说，梅花高标独举，先天下而春，玉洁冰清，霜雪节操，素质贞心。”“生民得梅花装点家园，又得梅花之利，其根、花皆入药，所治之病多矣。”“你太爷陆佃《梅花》诗云：‘与春不入都因淡，教雪难如只为香。’上句是说不随俗，自淡然；下句是说不争艳，独有香。是自况，亦是为人之格，家风存焉。”书中叙的是陆游对梅的信仰，靳国君先生也当心有戚戚焉，他确信，陆游已在艺术上化身为梅，在陆游那里梅格、诗格和人格相映成趣、和谐统一。

从一一二五年出生到一二一〇年去世，陆游活了八十六岁，这在中国古代诗人中绝对是属于长寿的。而让他生命真正延长的是他的文学创作和艺术影响，“六十年间万首诗”，这样的创作很难用“勤奋”二字概括的。可能大家忽略了陆游是用诗歌记录生活的这一特殊性，他的生命是与诗与文学生长在一起的，对陆游来说，诗不是创作，而是生命，是从生命深处流淌出来的。一个人用诗歌为自己的一生作传，颇令人感动和敬仰。通览全书，靳国君先生的立场自始至终都是推崇压倒挑剔，几乎找不到他对陆诗的微词。康德以“头顶之星空，心中之道德准则”为其人生格言，对靳国君先生而言，陆游是他头顶上苍茫夜空中熠熠生辉的文学启明星，也是人生道路上引领前行的道德楷模。

我们可以看下靳国君先生如何在细微处演绎诗人日常生活的仁爱与情趣：

那天，他看到在池塘侧，有小鱼被细柳条穿颊，将被入锅烹调。他对渔翁说道：“几十钱卖我？”原来渔翁认得他，说道：“我识陆公，权做小礼奉送。”陆游笑曰：“我收下你的情意，你收下我的钱。”渔翁笑应道：“只收三十钱。”陆游拿出五十钱，拉过渔翁的手，放在他手心，说道：“我们今后为友，不可客气。”渔翁连声道谢，背篓远去。陆游买下，欣然放生，鱼儿摇尾游走。

靳国君先生深深理解陆游，一个诗人可以有“金刚怒目式的慷慨壮烈”，也可以有“菩萨低眉般的浅吟低唱”。一个细节描写却透露出一个艺术规律，伟大的诗人无不具有悲天悯人的襟怀和仁爱精神，对生命的尊重是文学与艺术的基本旋律。

《陆游》一书用心良苦，靳国君先生披阅数载，增删多次，笔蘸深情。他用诗笔、史笔、论笔，引领人们走进陆游一段又一段的人生传奇，他写出了陆游的人生大追求、艺术大境界。他写陆游，为文学家立传，也是作者的夫子自道，在陆游的诗文欣赏里寄托着自己的艺术情怀和人生追求。因此，我愿意为这样一部不平凡的著作献上我的祝贺。是为序。

二〇一七年八月

自序

从二〇一〇年初秋起，陆续读宋史，读陆游，萌生了写陆游的念头。从此，随时查阅历史文献，随时研读陆游诗词及其著作，挖掘史料，间有构思酝酿或片断写作。

在写作中，敬守历史，遵循史实，大事有据，细节有根，落笔有理。叙事状物增强文学性、故事性、知识性、欣赏性。语言文白相间，力求营造语境的历史感、现场感，读来上口，默化韵律与诗情。

二〇一六年九月初，在中国作家协会雾灵山庄创作基地，改出了第三稿。归家后，便全力投入创作，除夕之夜不能辍笔，是被陆游所吸引，欲罢不能。继而披阅数月，增删多次。从二〇一七年除夕夜起至今，多次修订部分章节，重新构思，重新写过，这全赖文字架起神交的灵犀之桥。刘勰在《文心雕龙》中说“诗人感物，联类无穷”，“精骛八极，心游万仞”；陆机在《文赋》中说：“观古今于须臾，抚四海于一瞬”。我在这部作品的写作岁月里，更为深刻地体验了这文学创作的心路历程，而要将思想与精神在历史长空的驰骋化为电脑上流动的文字，却需情动于中，构建审美的语境，“为求一字稳，耐得半宵寒”。所幸我不负岁月，岁月亦不负我，终于完成这部作品。几位知情友人说，这是心血之作，这是友情浓浓的激励与鞭策之词。写作时，确是夜以继日，作品拿出来却可能是野叟献曝。

这样写陆游，确乎是尝试。

陆游的生平事迹，多依《宋史》等历史文献，并搜求于他的诗词作品和他的《老学庵笔记》《入蜀记》《家事旧闻》等。文中所涉历史人物，均以正史为依据，如宋高宗、宋孝宗、宗泽、赵鼎、李光、岳飞、辛弃疾、周必大、张浚、虞允文、杨万里、范成大、曾己、陆佃、陆宰，乃至于秦桧、汤思退等。

笔者尝试在这部作品中，对历史进行活化的描写，全面展现南宋的历史面貌及其败亡原因，探寻陆游起伏跌宕的一生，刻画陆游的个性特征，描绘其在历史大事件和社会生活中的独特风采，塑造陆游真实的历史文学形象。间以描绘小桥流水，江南风光；重现庙堂滔滔宏论，渔樵野老漫话短长；摭拾文人雅趣，间及社会风习。描写但求内敛含蓄，不作刻意渲染，以免冲淡历史生活的真实感。读者不妨细细看来。怎奈笔者学识有限、文笔笨拙，料难尽意，还赖读者、专家、学者不吝赐教。读者诸君读后，倘若略有所得，则笔者所愿足矣。

笔者邀请博士生导师、哈尔滨师范大学原校长，现黑龙江省文联主席、北京师范大学特聘教授傅道彬先生阅文作序。他学养深厚，精通中国古典文学、文艺理论、美学等学科，治学严谨，著述甚丰。二十多年前，东北林业大学出版社组织编写国家重点图书《人与自然》（三卷），笔者在工作中得以拜读傅道彬先生写出的十二万字专章文稿《歌者的乐园——中国文化的自然主义精神》，被深深吸引，手难释卷。文稿内容丰富，文笔精湛，汪洋恣肆。今得傅道彬先生阅后之序，是笔者所愿，读者之缘。

这部书稿承蒙北方文艺出版社社长、总编辑宋玉成、编辑室主任路嵩和副主任张贺然等同志先后阅览，明快肯定，获选出版。读者阅读此书后，我们会有共识——陆游是伟大的爱国者，他的诗词是永驻高雅文化殿堂的经典，具有超越时空的思想文化价值，是我们精神世界的高峰、阳光、春水。

谢谢您和读者诸君阅读此书。

靳国君写于敬文斋
二〇一八年九月

目 录

壹

八年离乱

一一二五年，十一月。淮河上游，草木摇落，白露为霜，已是深秋时节。

生于暴风雨

十一日晨，陆宰走出客船中舱，放目四野，天高云淡，远山起伏，大雁南飞，水畔人家错落，炊烟袅袅。

夫人方才对他说，昨夜精神恍惚，忽闻叩门声，她循声问道何人？来者曰“秦少游”。陆夫人唐氏，乃江陵名门望族之女，北宋三朝名臣唐介之孙，自幼熟读诗文。她早闻诗人、词家秦少游大名，便开门相迎。只见秦少游身边有一男童，肩挑书箱，身背长剑，神采不凡。不待唐氏开言，秦少游说声“孺子可教”，便飘然而去。男童放下肩挑，跪地向唐氏稽首三拜，过门而入……唐氏正欲问其名，却听几声雁叫，睁眼醒来，却是一梦。望船窗外，月光如水，波纹粼粼，山影朦胧。陆宰听过，微微一笑，说道："昼有所思，夜有所梦，心境使然。"

河水波浪翻滚，溅起层层浪花，浮光跃金，水气清凉。远近几群水鸭上下翻飞，掠水捕食。

轻拂的晨风，撩动陆宰的长衫。他想，夫人已近产期，但愿挨过船上这几天。

十二日，天气阴晦，乌云飘在远方山顶，缓缓移动。到黄昏，竟点点滴滴下起小雨。顷刻，天气骤变，狂风暴雨，电闪雷鸣，天昏地暗，船赶紧泊岸。浪卷暴雨，冲船撞岸，激起浪头飞空，翻卷飞落，前浪未息，后浪骤至，势如排山，哗哗的水声、轰隆隆的雷声惊天动地。此时，夫人出现临产征兆。至天明，风雨渐弱，船内居室响起了婴儿的哭声。陆游诞生了。

仆妇向陆宰报喜，说这小官人一双大眼睛，有灵气，要起个好名字才是。陆宰点头说道："当然，当然。"他想到昨日夫人夜梦秦少游，少游是其字，秦观是其名，便对夫人说道："此子名游，字为务观，如何？"夫人说道："儿名陆游，名有三点水。水者，地之血脉，可也。"陆宰说道："名者，称谓而已。解字论名，卜者百卜百解，无可取哉！夫人意，地为国之基，民为国之本，是望子为民为国，善！"

几天后，船起锚，奔向汴京（今河南省开封）。船内不时掠过山影，夫人神情黯然，轻声慢吟道："但倚楼极目，时见栖鸦。无奈归心，暗随流水到天涯。"陆宰听到夫人吟诵秦观《望海潮》中名句，说道："流水落花春去也，天上人间。世道大变，非可左右，随遇而安吧。”

“乱离人不如太平犬”

这一年，金国联合宋朝灭掉辽国，转身即撕毁盟约，兴兵攻宋，战云漫天。

陆游的父亲陆宰，刚被免去淮南地方粮饷水陆转运使之职，他是携家眷奉旨进京。此行不知是福是祸，陆宰心怀疑虑，他把家眷安排在荥阳暂住。到京后，朝廷念其耿忠、廉能，任他为京西路转运副使。在战时，这是十分重要的职务，是前线命运之所系的后勤，负责粮饷的转运和供应。

次年，金兵挥师南下，战火迫近京城，朝中一片惊恐。只因皇帝以“主和”为名，行称臣纳贡、屈辱投降之实，朝中部分文臣武将顺应圣意，放弃有利战机，力主“求和”。陆宰主张卫国抗战，又执掌京西路后勤保障大权，是一大障碍，被“主和”派御史徐秉哲罗织罪名，弹劾罢官，他不得不举家南归。时令正是深冬，大雪下个不停。离开汴京，渐行渐远，陆宰回首，雪雾迷茫，汴京亦不可见，他对夫人说道：“不知何日再来汴京。”夫人眼望陆宰，说道：“再来有日。”陆宰长叹一声：说道：“怕是不可再来……”陆宰语多怅惘。一路走来，一家人在严寒中瑟缩，唐氏整天把两岁的陆游抱在怀里，以体温为其取暖。

不久，一一二七年，金兵趁宋弃战求和，抢渡黄河，攻陷汴京，烧杀掳抢，掠走宫中的金银、玉器、宝物，搬走国库的全部存储，掳走徽、钦二帝和皇族宗室、内侍四百五十多人，还有朝中大臣和各业能工巧匠两千多人，偌大的汴梁城被洗劫一空，烟火冲天，几日不灭。

陆宰听闻，对家人说道：“这汴京，有外城、内城、皇城，是三重城池，人口一百多万，繁华无比。从皇城到内城，有高官豪宅；从内城到外城，有各业大作坊，早市、晚市、夜市；从歌楼到酒馆，有南戏、曲艺、杂耍。城内外应有尽有，是万国中第一大都市，看张择端画作《清明上河图》，可窥其繁华之盛。而今，可怜一炬，化为废都！”后来，又听说徽、钦二帝和皇室贵戚等，被押往北国绝塞苦寒之地“五国城”（今黑龙江省依兰县），陆宰哀痛不已，不思茶饭。

人民纷纷逃亡，豪门大户、平头百姓、伤残士卒各色人等，汇成逃亡人流，哭天号地，或被追杀，或饿死道旁。陆宰全家从荥阳到祖居之地寿春。战火逼近，全家拜祭祖墓后，又在寿春投入逃难的人流。陆宰原有意在寿春终老，而今已无可能。念及故土鱼稻之美，怅然不已。身在难民中，人命危浅，不知归路。目睹惨状，陆宰自叹，这真是“乱离人不如太平犬”！

避难东阳山

渡黄河，走汴水，过淮河，到长江。

一路上，风餐露宿，饥寒交迫。有时，他们躲进芦苇荡，常常能听到金兵的人喊马嘶之声。躲躲藏藏，走走停停，陆游在母亲的怀抱中，终于辗转逃回山阴（今浙江省绍兴）农村旧宅。

时局混乱，坏消息不断传来，附近盗贼充斥，陆宰谋划避之远行，对家人说：“小乱居城，中乱居乡，大乱居山。”友人介绍说，东阳（今浙江省金华）山中义军首领陈彦声有侠气，识文知武，其义可依，其勇可恃。陆宰曰：“东阳人自古刚勇，尚武，可往之。”友人受托去东阳，陈彦声说：“早闻陆宰之名，心慕之，久怀敬意，陆公来东阳山，是我意外之幸。”陈彦声一番准备，一天带十几人，越百里来迎。

陆宰一家到山上，住处与用物一应俱全。陆宰见义军秩序井然，纪律严明。义军建寨修堡，在山中坡地种粮种菜，厉兵秣马，严阵以待，陆宰言道：“是豪杰士，真可托生死者也。”生活从此安定下来。这段离乱岁月，深深刻在陆游的心中。后来他写的《三山杜门作歌》，曾忆及逃难之险：

> 我生学步逢丧乱，家在中原厌奔窜。
> 淮边夜闻贼马嘶，逃去不待鸡号旦。

金华何来义军？原来自金兵攻占中原，宋朝军民同仇敌忾，沦陷区和江浙、川陕地区人民揭竿而起，风起云涌，组成抗战义军。史载，几支大队义军，最多时总数有二百万之众。沦陷区抗战义军，各自为战，攻击敌后，时有攻城略地之举。前线义军则与官军相呼应，配合作战。金兵从开战起，总是遭遇强烈的阻击，两方攻守，高低起伏，进退相间，时有反复。只因高宗为保皇位，怕迎回徽、钦二帝，与秦桧联手，排斥打击抗战派，几次放弃直捣黄龙之机，拱手让敌，毁成功于一旦。抗战将领和义军不甘心裂地而治，枕戈待旦，伺机而动。淮水以南，一些山区也出现了一股又一股义军，陈彦声义军就是其中一支。

山上，早有几户人家投奔而来。“泥人李”两年前就携家眷来到山上。他祖传专做一寸二寸泥人，惟妙惟肖，在他北方家乡一带很有名气。在山上，他带两个大儿和义军士兵烧窑制砖，七八岁的幼儿和其他孩子，整天结伙在山上玩耍。陆游从父读书，几家孩子也来求学，陆宰善待之。课毕，陆游和几个孩子常去看义军练剑。后陈彦声命人为陆游等每人特制一把轻剑，陆游如获至宝。他天天闲时去学剑，睡前置于床头。

一晃两年过去，人们见陆游小小年纪，练剑不辍，舞起剑来虎虎生威，剑光闪闪。问他道：“练剑何为？”陆游举剑答道：“剑指中原，还我河山！”问话人高兴地说：“好也，竖子可为文臣武将矣。”

一一三三年，陆游九岁时，在战火中磨炼成长的抗战将领吴玠、吴璘、韩世忠、岳飞等以及各地抗金的民间武装，此呼彼应，先后大败金兵，抗战形势好转，陆宰和陈彦声商量回山阴。陈彦声殷切挽留，对陆宰说道：“陆公，我师也。所学甚多，没齿不忘。我心望公长住，是我生之幸。”陆宰细说故土难离，久必还乡，他写诗留赠：“前身疑是此山僧，猿鹤相逢亦有情。珍重山头风与月，百年常记东阳名。”

陈彦声和陆宰别情依依，几个小伙伴也难分难舍。“泥人李”送陆游两个泥塑，寸人豆马，手执长剑，英姿飒爽，陆游谢过。陆宰离山之日，陈彦声带一众人等出山饯别，泣下沾襟。他手抚陆游头顶，说道：“国有难，英雄出，竖子可待也。”他还派几名侍卫，一直送陆宰家人重归山阴居所。

贰

国破之恨

中原大好河山沦于敌手，大宋朝廷风雨飘摇。

一一二七年，宋高宗在南京应天府（今河南省商丘）即皇位后不久，便开始了逃亡生活。他带着宠臣们，先是逃往扬州，再逃往杭州，又逃往越州（今浙江省绍兴），接着又逃往明州（今江西省宁波），再逃回温州，而后又逃回越州，再逃回杭州，又逃往平江，又逃回杭州，再逃平江。一一三二年，回杭州。

“直把杭州作汴州”

五年里，宋高宗带一众大臣和宫人逃来逃去，惶惶然若丧家之犬。

逃到越州时，仓皇中宣布在越州建都。到底在何处建都？主战派与投降派斗争激烈。主战派主张建都关中或南阳，是为上策；中策则是建都建康（今江苏省南京）。主战派主张，即使建都建康，也可守可攻，时机成熟，可跨江北上，突出皖北，收复东京在掌控之中，继而北伐，收复失地。可是宋高宗与投降派之后又极力主张建都临安（杭州），理由竟是：一则可不引起敌人的猜疑，对敌人也没有刺激，相安无事；二则金人再南侵时，可立即从海上逃跑，因金人不善水战。建都临安竟是为了方便逃跑，此事贻笑千古，然而却是令人痛心疾首的历史事实。

在临安，宋高宗和投降派安于现状，全无收复故都之意，更无结束分裂局面、一统河山的打算，他们竟寄希望于金朝自我崩溃，臆想金朝在享受北宋的丰厚贡品中，沉浸于奢侈而自我灭亡 。

这杭州，本是东南大都会，自古繁华。柳永在《望海潮》中极写其盛："烟柳画桥，风帘翠幕，参差十万人家"，"市列珠玑，户盈罗绮，竞豪奢"。"重湖叠巘清嘉，有三秋桂子，十里荷花"，"乘醉听箫鼓，吟赏烟霞"。

高宗到后，在凤凰山西麓，大兴土木，在方圆九里内，建造紫禁城。史载，有十九宫、三十殿、三十三堂，七楼、二十阁，六台、一观、九十亭。高宗为游西湖，建造龙舟巨舫，大者可坐百人。雕栏画栋，锦幕珠翠。高宗每游湖，动辄百艘船舫相随。他又命人在禁内修小西湖，造飞来峰。朝中大臣上行下效，相继营造私家园林四十余处，水榭楼台兴作之风从此盛矣。

奸相秦桧重金请大师，论阴阳，看风水，在望仙桥畔，建格天阁相府，说是一等福地，仅次于皇宫。相府楼高六丈，居高临下，飞檐斗拱，傲视豪宅，气焰不可一世。每入夜，隐隐有管弦丝竹之声传出，附近百姓听到侧目而曰：“咸阳（指秦桧）！”

宋代，风水之风盛行，所谓风水师趁势而出，其中痞子、帮闲者之流居多，他们巧舌如簧，抓住主人心虚心理，说坏，坏到家破人亡；说好，好到代代荣华富贵。陆游成年后，有人问他秦相府风水如何？对此，陆游不以为然，他说：“风水，环境也。宅，无凶吉之分；人，有善恶之别。天作孽，犹可违；自作孽，不可活。所谓吉凶祸福，皆系本人所作为也。”他又说道：“蔡太师之父，死后葬于临平山。术家说以钱塘江为水，秦望山为案，确乎气象雄丽。然富贵既极，一旦丧败，几近灭族，至今不能振。有山水处宜居，宅宽敞者宜气，其余皆无关也。”

诗人林升，看不过高官们的穷奢极欲，写《题临安邸》一诗，直刺投降集团偏安一隅，不思恢复。他在诗中写道：

山外青山楼外楼，西湖歌舞几时休？
暖风熏得游人醉，直把杭州作汴州。

这首诗是国人的心声。当时，朝野有识之士、贩夫走卒、乡野老夫，纵然生活在苦难中，却都期盼收复失地，重整山河。女诗人李清照，多愁善感，以写情调缠绵的身边事见长。此时，她家破人亡，经历了长途流亡生活，亲历了国家与人民的灾难，她诗词内容和风格大变，她歌颂力主抗战的爱国志士，鞭挞以大片国土、人民和巨额财富换取苟安江左的宋高宗和“主和”派，写诗赞美项羽不肯忍辱求生的英雄本色，以春秋笔法批判高宗投降集团怯敌逃跑、苟且偷生。她在《乌江》一诗中写道：“生当作人杰，死亦为鬼雄。至今思项羽，不肯过江东。”陆宰读到这些动人心魄的爱国作品，反复诵读，有时是高声吟咏，听者动容，人们知道，他这是借他人酒杯，浇自己胸中块垒。

千岩亭上

陆宰和一家人回山阴老宅，陆宰称之为“云门草堂”。先后就地取材，因陋就简，草建了双清堂、千岩亭，旁有清泉环流，小桥流水。陆宰赋闲在家，不再出仕。其性俭约，不喜饮酒，每与弟子诸生谈至深夜，仅饮一杯绿豆粉山药汤为食。

陆宰不再出仕，是他从徽宗与蔡京集团倒行逆施，促使北宋衰亡，体认宋朝宫廷乱象难息，廉能之吏难以立足的现实中悟出，与其出仕，不如乡居。宋时，官员致仕年限为70岁，他是正在盛年而早早辞官了。

他和友人聚谈，常论宋亡之因，他说：“徽宗在位，蔡京一伙人投其所好，鼓吹神灵异说，诱使徽宗沉溺于享乐。蔡京兴师动众，铸‘九鼎’，修九殿，造‘明堂’，建‘延福宫’‘华阳宫’，大兴道观。凭借漕运，以十船为‘一纲’，尽选奇花异石，运往京城，美其名曰‘花石纲’。”友人说道：“事事历历在目，国人皆知，奈何？莫非天亡我宋？”陆宰说道：“北宋政治、经济、军事腐败，民不聊生，方腊造反，势在必然。军队战斗力日见低下，金国已深有体验，大举南下，早有策划。凡此，绝非天意，而系人为。”

在千岩亭上，与友人谈论及此，莫不喟然长叹，皆言此为生死存亡之鉴。言及南宋，无不惊叹当朝秦桧与蔡京何其相似乃尔。

他们眼望南山，纵论天下。陆游一生记得，每言及秦桧丧权辱国，先辈们或咬牙切齿，或怒目如炬，或伤悲流泣，预备饭食，没人食用，“未尝不相与流涕哀恸，虽设食，率不下咽。”“当时士大夫言及国事，无不恸哭，人人思杀贼。”陆游年幼时，不懂长者何以如此动心，陆宰说道：“听之，听之，年长自知人当以国为命。”

李光，强项之士。高宗时，官至吏部尚书、参知政事，职位相当于副相。秦桧权倾朝野，李光无畏。在朝议政，曾面斥秦桧，揭其怀奸误国，愤然去职。返乡后，每来陆家，辄聚谈终日，凡言及秦氏，“愤切慷慨，形于色辞。”陆游奉陪在侧，觉其“英伟之气，使人兴起”。

一日，李光坐亭上，举酒对陆宰说道：“我即将贬谪远行。咸阳（秦桧）最忌恨赵鼎与我。今赵丞相已放边荒，我岂得免？他不搬除障碍，岂能独擅权柄？到时，我不会涕泣而别。青鞋布袜，即日行矣。”诸人听来，颇觉伤感，陆游听来落泪了。有人说道：“庆父不死，国无宁日。秦桧不除，国难不止。”

后十余日，果有行。陆宰问道：“何事为罪？”李光默而不语。陆宰多年敬佩李光，遇其遭此厄运，寝食难安，陆游愤愤不平。李光受秦桧陷害，一再贬谪，最远徙海南岛。那时对海南称为“南荒”，是“荒蛮之地”，“非人所居”。李光走时，陆宰送行到诸暨，归而言曰：“泰发（李光字）谈笑慷慨，一如平日。”陆游问道：“何时能归？”陆宰蹙额，至痛至悲，说道：“咸阳岂能饶他？去有日，归无日矣。”陆宰又对陆游兄弟说道：“丈夫遇难，当如是，天地正气，胸襟人格。”李光一去十一年，秦桧死后得归。

听父辈说起“绍兴十年（一一四一年）和约”，陆游义愤填膺。

所谓“和约”，主要规定是：对金俯首称臣，割让六百三十二县，每年奉贡银二百五十万两，绢二十五万匹。这哪是什么“和约”？明明白白是降约，是卖国条约。南宋割让土地后，只剩下七百零三县，真真是半壁江山。

眼见昏君高宗为保皇位，一再俯首屈膝；奸相秦桧为保富贵，甘做内奸；昏官庸吏为保官位俸禄，主张裂土而治。三者沆瀣一气，百姓身遭其害，为给金国纳贡，担负双倍的苛捐杂税，日益贫困。陆游心怀苍生，犹如身受，其忧国忧民之心，已成为他的长久之思。本来民心可用，军心可依，可是腐败的南宋朝廷，却一直笼罩在宁肯投降也不抗战的“求和”阴云之中。陆游耳濡目染，面对国家与民族危亡，立志以身许国，立下了“上马击狂胡，下马草君书”的宏愿。维护国家主权和领土统一完整，成为他一生的最高理想和追求。

叁

秦桧其人

秦桧（一〇九一至一一五五年），江宁（今江苏省南京）人。其父做过县令，家有田亩。上太学前，拜汪伯彦为师，汪伯彦后来成为南宋早期有名的奸相。秦桧性狡诈，工于心计。在学时，常密告同学，人称其为“秦大脚”。25 岁时考中状元。

海上归来

金南犯，抗战派为朝中主体，秦桧附和潮流主战。

在宋钦宗初露议和主张时，秦桧首鼠两端，以两面手法，明里主战，暗中主和，博得钦宗赏识，把他由礼部侍郎提擢为殿中侍御史。

在抗战派被排挤出朝廷后，他被提升为御史中丞。金破汴京，徽、钦二帝及众侍臣宫女同被掳走。次年，他被掳往金军大营。他见有机可乘，便卖身求荣，给金军统帅粘罕写密信，建议保留宋王朝做傀儡，金国在幕后操纵，以利金国长远统治。粘罕看到秦桧是为金国谋划，大可利用。后经他引荐，金太宗破例召见了秦桧这个俘虏，把他赐给监军挞懒任用，兀术也曾设宴款待，侍女陪酒，收买其心。后来，他又为被囚的徽宗致金帝的信修改润色。徽宗此信，建议派人南下，劝说宋高宗称臣纳贡。在上交信件时，秦桧自荐，称愿当此任。金对南宋的最终目标是完全占领、全面统治，自然拒绝了这个建议，不过却看穿了秦桧其人，于是赏赐他大量金银财物，且称其“文采斐然”，“书法自成一家”。

一一二九年，金分两路攻宋，东西夹击。东路挞懒任命秦桧为军师，后又任其为随军转运使。秦桧甘当鹰犬，为金出谋划策。这年战事起伏，金兵打楚州久攻不下。金统治者为了达到他们占领南宋的目的，决定纵之使归，以做内应，为金代言，令秦桧以逃离金国为名，潜回南宋。

一一三〇年十月，秦桧按金人谋划，带家人与奴仆，经陆路从海上入宋，诡称杀死看守，脱离囚地，夺船逃回。朝中文臣武将皆大疑，他们接连向宋高宗启奏，说北国是金兵天下，秦桧一家人携奴仆逃出，是不可能之事。自燕京到临安，逾河越海，无金人助，焉能生还？也有近臣对高宗私下谏言，说道：“秦桧阴险深阻，不宜重用。”唯有宰相范宗尹与同知枢密院李回两人，夙与秦桧交好，竟说他是“不顾兵戈之险、风霜之苦，千里迢迢归来，是一片忠心”。宋高宗对金的国策是屈膝求和，秦桧归来正合其意。秦桧见到高宗后，又献上了他代南宋起草的“求和”书。不几天，高宗上朝，他说，秦桧“朴忠过人，朕得之喜而不寐”，“又得一佳人”。他力排众议，任秦桧为礼部尚书，下诏夸奖，严禁非议，并赏赐秦桧金银。三个月后，又任其为副宰相。一年后，秦桧即把保荐他的宰相范宗尹和李回等排挤出朝，人们说：“归来可疑，官德卑劣，实非善类。”一一三二年，高宗因对金求和不成，心怨秦桧不力，而大臣们又不断弹劾秦桧，随之顺水推舟，罢免了秦桧。

一一三四年，南宋求和使臣带回信息，挞懒提出，真要议和，必用秦桧。高宗即用，后又升其为宰相。从此，高宗与秦桧紧密配合，放任秦桧把持朝政。佞者进，忠者退，朝中时有忠诚爱国之士见此情景，为避祸自保，托言“议论不合”，陆续辞职而去。

秦桧上任不久，为敛财、纳贡，密令各路暗增民税，此例一开，地方巧立名目，搜刮日重，有恃无恐，许多农民难以为生，为求生存，铤而走险，大小规模的农民起义此起彼伏。此风渐成南宋痼疾，积重难返。

朝野共愤

秦桧的对内高压、对外投降的行径，为众多忠臣良将所不齿。

秦桧入朝不久，金使来，所提条件竟与秦桧平时所议吻合，识者益知秦桧与金人共谋，他们忧国家之辱，恐无尽时。丞相张浚推荐秦桧为副相，待到共事，方知秦桧为人卑劣，他向高宗请辞，高宗问道：“谁可代卿？”张浚不语，高宗问：“秦桧如何？”张浚如实以告。高宗说：“然则用赵鼎。”张浚赞同。高宗复用赵鼎为相。秦桧知后，立即挑拨离间，对赵鼎说道：“圣上早想用您，是张浚拖延。”在暗中，秦桧指使台谏，先论张浚，后打赵鼎，两人先后遭罢官。

国势日危，朝中忠直之士纷起进谏。中书舍人吕本中、礼部侍郎张九成等人，反对金人提出的强权和议，也有人提出赵鼎应留任。司勋员外郎朱松等六人，联名启奏，吏部尚书张焘等九位重臣，同班上疏，后又有大臣接连上疏，在外的前线将帅岳飞、韩世忠等也纷纷上书，朝野共愤，提出为国家与百姓计，条件对等的和约可签，金人提出的无理割地、辱国、纳贡的和约不可签，要切责秦桧之罪。在宋金“和议”垂成之时，枢密院编修官胡铨上高宗封事。封事，亦称密折。他在封事中怒斥王伦、秦桧、孙近迷惑圣上，屈膝丧国，言与此三人不共戴天，请斩三人之头。他说，对金作战，“徐兴问罪之师，则三军之士，不战而气自倍增。”“不然，臣有赴东海而死尔，宁可处小朝廷求活耶？”秦桧闻之，毫无忌惮，立即罢免胡铨，将其流放到穷乡僻壤，一贬再贬，欲置之死地而后快。朝野闻之，心皆不平，人们刻版印刷胡铨的封事。凡读过之人，皆为胡铨的忠国之情和冒死谏言的精神所感动，愤而共言秦桧该杀。

一一三九年，金兀术取代挞懒主政，撕毁“和议”，又大举南下。

金兀术派人给秦桧送密信，提出要议和，必杀飞。秦桧依计而行。这时，金兵南下遇阻，连败。在前线，岳飞等六路将领分别连克六州，皆为军事重地，大军剑指中原，捷报频传。岳飞大破拐子马后，打到朱仙镇，离汴梁仅四十余里，直逼黄河渡口，而且岳家军西起洛阳、郑州，南至蔡州、陈州一带，对金兵形成一个弧形包围圈。战场形势发生重大转折，胜利在望，岳飞对部将们发下誓言："直捣黄龙府，与诸君痛饮耳！"如若收复故都汴梁，挥师北上，历史将可能被改写。秦桧迫不及待地与高宗密谋，立即连续撤韩世忠等诸将回朝，再一天连发十二道金牌，强令岳飞返京，军心大乱，致使战局反转。岳飞怒发冲冠，遥望中原，痛洒英雄泪，仰天长啸："十年之战，废于一旦！社稷江山，恐再难中兴，恢复无日矣！"中国历史又拐了个大弯。

千古奇冤

——削除这些战将的兵权后，秦桧又派人去庐山，欺骗罢官归乡的岳飞回杭州，以谋反之罪，制造假案，投入大理寺，严刑拷打，岳飞绝食反抗。这年腊月二十九日是除夕。除夕夜，愁云惨淡，先是冬雨淅沥，后是大雪纷飞，充斥肃杀之气。在大理寺风波亭，在一片漆黑的夜色中岳飞被逼饮毒酒而死。事前，命岳飞签字画押，承认谋反，岳飞坚决拒签，大义凛然，狱卒提着灯笼，只见他挥笔写下了八个大字："天日昭昭，天日昭昭"。岳飞遇害，时年三十九岁。不一日，其大将张宪、其子岳云俱被杀害。

正月初一，冬雷阵阵，雪满杭州路，屋宇皆白。《宋史》等历史文献多处记载，杭州百姓闻岳飞遇害，皆哀泣，天下冤之。后世，庐山西北麓株岭山中，岳母和岳夫人之墓，当地百姓和官员年年祭扫，络绎不绝。追悼岳飞的诗词口口相传，是历史不灭的记忆。

秦桧与高宗联手害死岳飞，各有盘算。秦桧自金归来，为扫除障碍，数兴大狱，陷害忠良，晚年尤甚。在主张抗战的丞相赵鼎被排挤出朝后，秦桧独断专行，强力推行名为主和、实为投降的主张，出卖国家与民族利益。其入朝为相十九年，先后将七十多位文臣武将或罢官、或贬谪、或流放、或囚于狱中，有人一年而死，有人三年而亡。一一五二年，秦桧又罗织罪名，制造了王之奇兄弟、叶三省等四大冤案，一大批人受害。

老丞相赵鼎，被一贬再贬，最后被流放到海南岛，秦桧仍派人暗中监视他，每月上报赵鼎身体情况。赵鼎既不能回朝廷，又不能返故乡，他知秦桧心毒手狠，必置自己于死地，株连家族。他为避免最坏结局，绝食而死。赵鼎没料到，他死后，秦桧仍指使同伙，捏造罪名，数次施酷刑，逼迫其子赵汾自诬，要他承认联合老将军张浚和大臣李光、胡寅等“谋反”，赵汾不从，然秦桧仍以“谋反”为名，迫害朝中与地方廉能官员与忠国之士五十多人。赵鼎被迫害致死后，门人故吏闻赵鼎之死而叹息者，秦桧皆亦加罪，绝不放过，赶尽杀绝。

秦桧制造冤假错案，残忍成性。一起又一起冤假错案，所害忠臣良将不可胜数,《宋史》中《秦桧列传》载,“一时忠臣良将,诛锄略尽”,几近朝中无忠国之谋臣,军中少有可用之将,路、州、府、县充斥贪官、昏官、庸官。

流恶难尽

秦桧擅权,横行无忌;高宗纵之,闭目塞听。秦桧广植私党,为其所用,凡弹劾忠臣良将之文,皆出秦桧之口,形之于死党之笔,在朝中,人所共知。而其用人,一要“主和”,二要肯重金向秦桧行贿,三要言听计从。自其为相,至死之日,易执政二十八人,皆为行贿奸佞、顽钝之徒。秦桧为掩其罪行,命儿子秦熺和孙子秦埙把持修史大权,父子两人同修国史,中国自古以来,仅此一孤例。凡皇帝言行、大臣奏章、上疏等不利于秦桧的文字,尽皆销毁、删除,或以火焚之,以掩后世之目。

秦桧卖官鬻爵,开门受贿,霸占田园、宅院,无所顾忌。其相府内的“格天阁”,分类分层专储各地官员“孝敬”的古玩、玉器、珍宝。南方督军方务德为消嫌隙,一次即送龙涎香十六箱、黄金四箱、象牙雕屏风、唐名家书法等巨额“礼物”。其子秦熺所用工役甚多,日日锻造金银器,搜罗珠宝玉器,声色犬马。一次,秦熺回金陵祭祀祖庙墓地,极尽豪奢,尽遣临安和转运司华美舟舫,仍嫌不足,又从浙西一路选派,共数百艘。沿途郡县监司,投其所好,结队迎饯,数十里不绝。秦熺气焰张天，极尽一时之盛，百姓为之侧目。过平江码头，当地结彩楼数丈，尽选官伎，歌舞其上，缥缈若在云间，秦熺处之自若。沿途官员暗中贿赂，攀比交接，买官求升，行之坦然。秦桧时期盛行的官场贿赂之风，经二十年养成，愈演愈烈，渐成南宋不治之症。

秦桧死后，其家金银、珠宝、玉器不可胜数，田地、房屋不计其数，家产富可敌国，他是中国历史上恶名昭著的奸相、巨贪。在《宋史》中，胡铨言秦桧当国十九年间，搜刮民脂民膏，肥己、纳贡，“迄今府库无旬月之储，千村万落生理萧然”，民不聊生。元人史学家脱脱，与秦桧是毫不相干的两朝、两族人，他主持修撰的《二十四史·宋史》中，记载秦桧罪行累累，读来触目惊心。

秦桧给南宋的经济、政治、文化、吏治、边防、人才、人心、社会风气等方面，造成了严重内伤，留下了重重潜在危机，不可弥补和挽回，给南宋埋下了断代的种子，其祸国殃民之罪恶，“罄南山之竹书罪无穷，倾东海之水流恶难尽”。

肆

少年才俊

陆游才气超逸，文采斐然。十二岁，按宋制，他因祖荫，恩赐登仕郎，可直接参加乡试。他写诗自成一格，人读之，击节而吟。言其志，必为国之良才；说其诗，有唐韵之风。其诗名渐而远播。二十岁左右，人称“小李白”。

“郁郁乎文哉”

“小李白”自有他的生存环境。他的家乡山阴，地处杭州湾钱塘江南岸，历史悠久，是古越国都城，是越王勾践“十年生聚，十年教训”的报仇雪耻之乡，也是兴学育人之地，独特的历史和优良传统文化交相融合，形成的特殊文化氛围，浸润人心。

远在春秋时代，孔子曾派子贡来山阴考察，子贡对这里的仁义教化、尊崇贤才，颇多赞誉，其谓之“郁郁乎文哉”。东汉时期，王充“八岁出于书馆，书馆小童百人以上”，日日竞读，成为乡风民俗。后王充为官，辞官后，回山阴设塾授徒，开书馆风气之先。他三十年完成煌煌大作、传世哲学经典《论衡》，桃李满天下。至北宋年间，重文轻武，州学、郡学等官学兴盛，私学兴旺，私塾、学塾、村塾、义学、冬学遍布江南，讲学书院陆续出现，形成了一个完整的教育体系，为当时世界所独有。州学由知州主持，教习由州官担任，如是状元出身，则由朝廷任命，倡导师尊，蔚然成风。书院是那时的研究院，大多由各地游学的名师硕儒讲学。

山阴学风鼎盛，处处书声琅琅，家家以耕读为乐。村校学童竞习歌咏，山民村妇出言常有古训。范仲淹任越州知州时，创建了稽山书院，他有时登坛讲学。山阴最多时有书院四十多所，各地学士云集，全国四方来此受业者众，是名垂青史的阳明学派、蕺山学派的发祥地。山阴千年兴学重教、重视学术研究之风薪火相传，优秀的传统文化融进了山阴人的血脉。

“仁者乐山，智者乐水”。这山阴，有山水之盛。高峰奇石，青林翠竹。鉴湖浩渺，清流见底。传说，远古轩辕黄帝曾在湖边石上磨镜，光照天地，故而人们惯于称其为镜湖。

镜湖涵养山阴，境内有长短水巷纵横，大小青石桥错落。田塍如画，村墟远近映带。台门老屋，黛瓦粉墙，傍水而立，家家临水，户户垂杨，水上乌篷船穿街过户。

八百里镜湖波光潋滟，三百里会稽山钟灵毓秀。一方水土养一方人，生于山阴，可知书香墨韵，可染古朴民风，可得秀美湖山之灵气。陆游五十五岁时写《思故山》，对山阴的风土人情和生活，有动人的描绘：

千金不须买画图，听我长歌歌镜湖。
湖山奇丽说不尽，且复为子陈吾庐。
柳姑庙前鱼作市，道士庄畔菱为租。
一弯画桥出林薄，两岸红蓼连菰蒲。
陂南彼北鸦阵黑，舍东舍西枫叶赤。
正当九月十月时，放翁艇子无时出。
船头一束书，船后一壶酒。
新钓紫鳜鱼，旋洗白莲藕。
……

陆游家是山阴的名门望族，耕读传世。自其曾祖论起，陆游是官宦之后。其曾祖曾任吏部侍郎，祖父曾任吏部尚书、左丞相，其父陆宰官至京西路转运副使。其先人为官，皆以不畏权势、忠心为国著称。其家有双清堂藏书甚丰。宋朝南渡，国藏图书皆被金人付之一炬，化为灰烬。到临安后，重建秘书省，派员到各地书坊、书肆和藏书之家广求图书，或重金购买，或借书抄录，抢救典籍，刊刻重印，使之得以薪火相传，是为继绝之举。仅借抄陆游一家藏书，就有一万两千多卷，可见当时此项文化抢救工程之巨大，陆家自有贡献。

万卷纵横

陆游自幼聪颖，他随家人从金华避乱归来，终日读书。

陆宰课子，常忆其父陆佃。他对陆游说："尔祖，居贫苦学，夜无灯，映月光读书。蹑履从师，不远千里。过金陵（今江苏省南京），受教于王安石，钻研经学。高祖为官一生，著书二百四十二卷，其《礼象》《春秋后传》等，皆传于世，尔当自励。"

陆游年纪渐长，入乡校，归家犹自学，纵览六经典籍和兵法战书。他整日苦读，欣然会心，由晨而暮，手不释卷，"家人呼食，读书方乐，至夜，卒不就食"。"我生学语即耽书，万卷纵横眼欲枯"，数万字他背诵如流，乡人称奇。其父听闻，嘱其勿恃才而骄，对他说道："凡状元，默诵四十万字，皆如探囊取物耳。"

他十六岁那年去应试，与陈公实和族兄伯山、仲高等五人去考举人，家人与乡邻簇拥送行。六人登舟，再拜而别。六人中，陆游年龄最小，神俊丰逸，才学超众，人们预期，陆游此去，可望榜上有名。

从隋朝开科考试，考生多借住城中或城郊僧房，以省旅资，又得清净，便于考试。陆游兄弟此次也是借住僧房，他在后来《灯笼》一诗中写道："我年十六游名场，灵芝借榻栖僧廊。"少年的经历，他印象颇深。

陆游在考场，游刃有余，无题可难。经文试题是《王者不治夷狄》。"王者不治夷狄"是何道理？难道夷狄可治王者乎？陆游秉笔直书，畅议收复失地，还我河山。当时是秦桧为首的投降派把持朝政，不容抗战之论。陆游初试啼声，铩羽而归。

陆游崇奉"道义无古今，功名有是非"，他绝不会为做官去迎合秦桧等投降派的主张。与其相反，其族兄仲高，为求进身，竟靠告密而投进秦桧门下。仲高告密，常人难以想象。仲高是李光的侄女婿。有一天，李光之子李孟光和仲高闲谈时说，其父李光在家修史，对朝廷有讥谤。仲高闻之，立即上告。案发，李孟光遭贬峡州，其父李光贬至海南岛。陆宰送别时，问其遭贬直接原因，李光默而不语，正因此事涉及陆仲高，不便相谈。秦桧提擢陆仲高为诸王宫教授，是宫内重臣。陆游在陆仲高升官之时，写诗劝诫，深言“道义无今古，功名有是非”，“临出分苦语，不敢计从违”，希望陆仲高遵从道义，不要为升官而不择手段。陆仲高读后，不以为然。

陆游心无旁骛，执着于理想，继续用功。他每天晨起整束袍带，从师受业，毕恭毕敬。

师从曾几

陆游之父陆宰名望高、交友广，自回乡后不再出仕，时有旧友、乡贤来拜访。

有一天，好友曾几来访，陆游得识。曾几是他心慕已久的爱国志士、前辈大诗人和饱学之士。曾几其兄曾开，供职直学士院，他三次质问秦桧，言今日之急，当论生死存亡，何当退而论安危？并说秦桧对外不应“自卑污”，秦桧骇愕，罢免曾开。随之株连曾几，罢其两浙西路提点刑狱公事之职。他离职，从容自若，常来探望陆宰。此后，陆游与曾几交往甚密，执师礼，虚心求教。

曾几每见陆游，或讲史，或谈诗，或论抗战之据，陆游身心受益。曾几坚决主张抗战，具有范仲淹以来，宋朝士大夫和有识之士共有的“先天下之忧而忧，后天下之乐而乐”的精神境界和追求。曾几知秦桧与金合谋，朝政无望，乃回上饶，读书赋诗，以终天年。陆游曾专程去探望。秦桧死后，曾几与其兄曾开均被起用，复见天日，时曾几已七十一岁。陆游常致书问安、请教，曾几回函，诲之不倦。

曾几复出后，曾任职几地，后授予秘书少监。他再次入朝，须发皆白，衣冠甚伟，精气浩然，曾几对孝宗说道：“臣已老迈，不宜任职。”帝曰：“卿，气貌不类老人，姑为朕留。”都人与老吏见其风采，言曰：“太平之象！”曾几后连擢三职，一一六六年，逝于二子曾逮之官舍，时年八十三岁。孝宗追谥谥号“文清”。曾几病危时，犹作书遗陆游，似知永诀，投笔而逝。其子言，父之墓志铭，非陆公莫属。待陆游自蜀归来作铭，曾几已逝十二年矣。

陆游归来，已五十四岁。去曾几墓地祭悼，涕泣失声，为其恩师所作墓志铭，感情深沉真挚。叙恩师一生，写其忠国，力主抗战；状其风骨，刚毅质直；每事足见其人，每言如闻其声，读文如见人，令人击节而叹。与曾几忘年相交，德才雨润，爱国思想在陆游心中深深扎根，曾几功不可没。陆游回忆当年情景，写道：“无三日不进见，见必闻忧国之言。”曾几的教诲和风骨，似甘霖滋润了陆游的一生，在陆游心中留下了刻骨铭心的记忆。

伍

科考惊变

陆游进入弱冠之年后并不顺利，脚下的人生之路，坎坷不平。

劳燕纷飞

他二十一岁时娶妻。其妻天生丽质，亭亭玉立，妩媚多姿，知文识礼。陆游夜读，红袖添香，伉俪相得，琴瑟和谐，感情至笃。怎奈其母看两人如胶似漆，担心陆游堕于学，其妻难得母意，数遭谴之。陆游无奈，但“未忍绝之，则为别馆，时时往之”。后为其母发现，遂至仳离，泪洒青衫，两情远隔，然昔日恩爱，萦怀不忘。这是两人的婚姻悲剧，在他们的感情世界里，留下了终生不可磨灭的创伤和痛苦的记忆，恰如“孔雀东南飞”“举手常劳劳，二情同依依”之心境。后来，其妻另嫁文士赵士程，陆游娶王氏。二十四岁时，父陆宰病逝，享年六十一岁。同年，陆游长子子虡生。

事有巧合。一一五五年春，陆游三十一岁，一日他去城南，游沈园，思往事，踽踽独行，徘徊于石桥水畔。不经意间，竟巧遇前妻与其后夫一家。陆游回避。意外的是，赵士程听闻，派仆人送来酒肴，以尽礼节。陆游百感交集，想起当年夫妻被迫离异，心潮翻腾，离情别绪涌上心头。眼见绿柳红墙，春色如旧，桃花落尽，池阁空寂，山盟虽在，人已非昨，陆游不胜唏嘘，沉吟良久，挥笔粉壁，写下了词一首《钗头凤》：

红酥手，黄縢酒，满城春色宫墙柳。东风恶，欢情薄，一怀愁绪，几年离索，错、错、错。

春如旧，人空瘦，泪痕红浥鲛绡透。桃花落，闲池阁，山盟虽在，锦书难托，莫、莫、莫。

这首词状物写情，委婉缠绵，陆游把他怀有百年之期，却一朝被迫离异的痛苦，和“山盟虽在，锦书难托”的一腔忧思与愤慨，挥洒壁间。

陆游没有想到，与前妻沈园一别，竟成永诀。他前妻离开沈园，终日寡欢，后郁郁而亡。

陆游听到这个不幸的消息十分震惊，痛感人生无常，又对沈园意外之会追悔不及，他想那日若不去沈园，也许不会有今日噩耗，真是阴差阳错成巧合，巧合之事躲不过。往日的夫妻恩爱、老母的不容决绝……一幕一幕在他心中激荡。陆游痛不欲生，折断了笔，撕碎了纸，不写不读，不思饮食。王夫人见他这般情景，不知个中原因，问他病否？陆游说没有病。王夫人一度以为他精神出了什么毛病，仔细观察，却又不像，百思不得其解。几十日后，陆游渐似以往，王夫人也放下心来。

陆游在这场精神打击中走过来，把它埋藏在心底，成为他无法挽回也永远抹不去的人生遗憾。这般情结，恰如苏轼所写："不思量，自难忘。"陆游晚年乡居，多次去沈园。他八十岁后，年老体衰，虽不能再去沈园，但他"每入城，必登寺眺望，不能胜情"。这是怎样的一个情境，怎样的一往情深。他八十三岁时，曾夜梦重游沈园。晨起写诗两首，他写道："路尽城南已怕行，沈家园里暗伤情"，"玉骨久成泉下土，墨痕久锁壁间尘"。白发苍苍犹忆当年，却是天荒地老情未老。

痛遭罢黜

陆游苦读，德才俱进，名动江南。

一一五三年，赴临安参加省试。主考官是两浙转运使陈子茂，他是忠直耿介之士。陈子茂审阅一份试卷，内心十分赞赏，试卷文好，字也好，楷书堪称一流，用笔和笔势，颇有颜真卿风韵。文章论说言简意赅，论据服人，学识丰厚，德在其中，是难得之才。全部阅卷完毕，拆名时，方知此生是山阴人陆游，其诗文俱佳，名列第一名。秦桧时任太宰，想以权势胁迫陈子茂，将其孙秦埙擢为第一名。陈子茂正义堂堂，不畏权势，坚持按科考成绩擢置陆游第一。秦桧怒斥陈子茂，下令要追查考官的责任。

一天夜里，几位挚友为避秦桧耳目，夤夜暗访陈子茂，告诉他秦桧下令要严惩、严办他。陈子茂说道："我是为国选材，他是毁人误国。其灭我、罪我，任由他去。哪有只可言和，不可言战之理？士可杀不可辱！"

次年，为礼部考试。主考官和参详官等，皆由秦桧提名，高宗照准。参详官、监察御史董德元，从誊录所取号，得知是秦埙之卷，喜不自胜，自言自语："吾曹可以富贵矣！"遂定秦埙为第一。参详官、吏部郎中、权太常寺卿沈虚中，没等揭榜，便派小吏，夜里逾墙，向其父秦熺偷报消息，真是为攀附秦桧，不择手段。陆游成绩优异，秦桧却令礼部以"喜论恢复"、鼓动抗金为说辞，下文黜免，取消殿试资格，考卷无效。这次考试，舞弊无所顾忌，秦桧门生、姻亲，皆名列前十名。只是在殿试时，高宗读秦埙策论，觉其卷中多秦桧、秦熺语，遂进张孝祥为第一，秦埙为第三。

陆游三次赴试，秦桧的影响如影随形。这次竟遭黜免，从隋朝创立科考制度至北宋五百多年间，从未有过黜免出类拔萃者之事，而陆游竟成为史无前例的第一人，这引起朝野震动，有文献载："天下为之切齿"。对陆游来说是晴天霹雳，轰顶之击，意味着他前程黯淡，很有可能在乡间了此一生。陆游五内俱焚，内心的巨大痛苦，无可言状。回到山阴，兄弟们和族人与乡贤、乡邻多有慰问，嘱其要有越人的"隐忍"，能伸能屈以待来日。陆游徘徊于斗室，踟蹰于庭院，食不甘味，寝不安席。他为考官陈子茂仗义执言遭厄运，忧而激愤；为己遭打击，悲而不平。一时，他愁思百结，四顾茫茫，不知欲何之。日久，自嘱隐忍，转而发愤苦钻学业。他在《夜读兵书》一诗中，抒写此时的心境与志向：“孤灯耿霜夕，穷山读兵书。平生万里心，执马王前驱。战死士所有，耻于守妻孥……”

烟飞云散

一一五五年，秋季的一天，陆游临帖习字。他自幼承家训，九岁学书，苦练楷书二十年，出类拔萃。间习草书，喜学怀素、张旭，也学杨凝式行书，兼学苏轼、黄庭坚。宋代兴草书，书家蜂起，是中国书法的一座高峰。陆游草书三分真、七分草，独辟蹊径，清新流丽，疏放飘逸，卓然超群。他把挥洒草书的狂放与快意，写进了《草书歌》:“倾家酿酒三千石，闲愁万斛酒不敌”，“ 此时驱尽胸中愁，捶床大叫狂堕帻。吴笺蜀素不快人，付予高堂三丈壁”。

正在他趁兴挥洒时，乡邻吴兄兴冲冲推门而入，对陆游说道：“好消息，好消息，秦桧死了！”“啊？”陆游十分惊讶，半信半疑。陆游问道：“此事当真？”吴兄说道：“当真。邸报、小报上都登了。”宋时，邸报行于官府，形似公文，常有外泄；小报流于民间，大小只二三寸，始有“新闻”之称。小报比邸报多了些三言两语的奇闻逸事，诸如名流绯闻、神医名药、歌伎私奔之类的里谈巷议，人称“扯闲片”“扯闲淡”，编报人多为失意文人。

陆游听闻邸报、小报都已发表秦桧已死的消息，立即收住笔，放下，拍了两下书案，抚着吴兄肩膀，连声说：“好！好！好！”陆游推窗而立，清风徐来，漫卷诗书，一扫郁闷之气。吴兄说道：“今天，我请你饮酒。”陆游摆手说道：“不，我请你们饮酒！”邻人也无不以喜相贺，言奸贼已死，是国之幸，民之福也。

原来，早在一一五〇年一月，秦桧在回相府的望仙桥上，忽然斜刺里窜出一大汉，大吼一声，手挥大刀，向秦桧砍去，只听“咔嚓”一声，情急之中，砍断了轿杆，众卫士蜂拥而上，把大汉扑倒在地。连夜审讯，知大汉名叫施全，是为国除害而来。次日，秦桧命手下对施全施行残酷的磔刑，在市上五马分尸，鲜血淋漓，惨不忍睹。当日深夜，有人收尸而去，不知姓名。

秦桧逃过一死，却由惊而惧，增护卫五十人。以有病为由，坐轿上朝，不拜。其初有精神恍惚，夜多噩梦，年复一年，病情益重。一一五五年，他竟一病不起，遍请名医，百方用尽，皆束手无策。死前一月，他全身疼痛难忍，嚼乱舌根而死。临安百姓闻之，皆曰“恶贯满盈”，无不拍手称快，街巷有人放鞭炮，西湖晚上有人放烟花。高宗为稳定“和议”局面，追谥秦桧，美名为“忠献”，在朝中他却在无意间说漏一句话：“我现在用不着再在靴里暗藏匕首了。”高宗深知秦桧为人，只是为“主和”，才独依秦桧。

陆游从科考重挫中挺过来，晨起练剑，闻鸡起舞；伏案读书，更深漏残。闲时，登会稽山，啸傲烟霞；游百里鉴湖，扣舷而歌；临池习字，纵横驰骋，痛快淋漓。

陆

初出茅庐

秦桧病死后第三年，一五五八年，陆游三十四岁，因祖荫出仕，终于走出山阴，进入仕宦之途，获任福州宁德县主簿。主簿，是县令下属，从事文墨等事。这是他首次离家赴任，摆脱困境，未来可期，满怀喜悦，沿途所见，备感新鲜亲切。

赏石观海

过罗源县走马岭时，见荆棘丛中有崖石，上刻“树石”两个大字，石奇字好。他摩挲巨石，仿佛仍有字，即令从者，用野草除垢，“才翁所赏树石”六个大字赫然而显。陆游对从者说道：“才翁者，乃诗人苏舜钦之兄苏舜元也。苏舜钦乃范仲淹同朝好友也。”从者面有喜色，对陆游说道：“赴任遇此景，乃吉兆也。”陆游笑着问从者：“何来此说？”从者笑而答曰：“才翁者，陆公也。陆公才高，谁人不知？此番赴任，必受赏识（石）也。”陆游仰天大笑道：“明公期我仕途得人助，谢你祝愿。”在路上，他们交谈甚欢，遇有山水胜景、旧庙古寺，陆游常给他讲一段稗史逸闻，意趣横生。

陆游初涉仕途，忙于衙务。遇假日休息，读书、写诗、习字，有时和府中人便服外出，近逛市井，远去登山临水。早秋一天，雷停雨霁，三位同僚约陆游乘海船去海上畅游，行百里，船工遥指东南，说道：“船行五日，可到流求（今台湾省），是在泉州之东，其侧有小岛曰彭湖，烟火相望。”陆游对同僚说道：“这岛孤悬海外，多年难兴。从三国时期，吴国孙权派将军卫温和诸葛直，率甲士万人，进入此岛起，那时称其夷州，至今已九百年，代代有人去岛。”众人又问起船工可有海上故事？船工讲起妈祖的故事，他说妈祖实有其人，是福建蒲田人，姓林。她自幼聪颖，学天文、气象和医术，善驾舟，经常海上救人，惠及流求。她在一次海难中死去，人们看见她凌驾彩云，空中仙乐阵阵。乡民为纪念她，建起了妈祖庙，福建有，流求有。

陆游首次出海，见海阔天空，远望流求，胸襟舒展，吟诵曹操《观沧海》一诗。又听妈祖故事，慨叹海之美、国之大、民知感恩。大海那边的流求，唤起他心中历史的记忆，浮想联翩。随之吟《感昔》一首纪行：

行年三十忆南游，稳驾沧溟万斛舟，
尝记早秋雷雨后，柁师指点说流求。

此后写的《步出万里桥门至江上》一诗中，流求又入其诗：

尝忆航巨海，银山卷涛头。
一日新雨霁，微茫见流求。

忠于职守

陆游做主簿尽职尽责，不久调任福州决曹，掌管刑事诉讼。

凡有讼，他必亲听，多方搜证，不枉不纵。遇有申冤者，则必广搜街谈巷议，多方兼听，辩证鉴别，不以个人好恶为准。有人说："决曹，权重俸薄，何费其力哉？"陆游先谢后曰："有一流传楹联，姑且听我诵来：'得一官不荣，失一官不辱，勿说一官无用，地方全靠一官；吃百姓之饭，穿百姓之衣，莫道百姓可欺，自己也是百姓。'"陆游后书写一联语："与百姓有缘，才来到此；期寸心无愧，不负斯民。"他将此联送给这位好心人。好心人也是有心人，他珍藏此联语，每有决曹新任，他把此联送堂上，言此是陆游所书，请大人一览。新任决曹必问："是何意哉？"其必曰："不知大人意何是哉。"

一一六〇年，高宗知陆游政声，调陆游入朝，任敕令所删定官，负责编纂、颁布法令和起草国书、文告等事。官阶不高，职责重要。这之后，陆游与邹耘、刘凤仪、周必大、史浩、陈俊卿、芮晔、冯方、李浩等朝官结识，时相过从。在官舍，与周必大隔墙而居，情深意笃，他在诗中写道："得居连墙，日接嘉话……从容笑语，抒写肝胆；邻家借酒，小圃锄菜；荧荧青灯，瘦影相对，西湖吊古，并辔共载……淡交如水，久而不坏……”

陆游重友情，与人交而有信，为人谋而秉忠，这些人皆成为他终生挚友。

一一六二年七月，陆游调任大理司直，兼宗正簿，是重用。大理司直，负责司法；宗正簿，负责王室宗亲事务。初入朝廷，诸事陌生。陆游忠于职守，夙兴夜寐。高宗拟任杨存中为江淮宣抚使，有多人以为不宜，陆游听人议论，亦有同感，认为此事关系重大，他不避风险，上书详陈己见。他说：“杨存中久在朝廷，不谙地方事务。江淮现为攻守枢纽之重地，官、军、民等诸事纷繁，非杨存中所长，乞圣上改任他人。”杨存中是备受高宗宠信之人，任殿前指挥使二十五年。高宗早知朝中官员有此议论，阅过陆游上书，又仔细考量，遂纳谏，罢任杨存中，改任他职。事后，有人对陆游说道：“高宗宠信杨存中，称其为当代郭子仪。你竟敢逆鳞而动，要小心。”陆游说道：“兄意为好。然我为国谋，非为私也，圣上知我。”他那时的官阶是正八品，小官却有大勇气。

宫中规矩很严，却非人人守规矩。历来“中贵人”，即太监，往往谄媚皇上，以谋其私。有个太监，常买北方珍玩玉器，进献高宗。陆游看此事，究其心，认为其意不可测。陆游启奏高宗，他在奏折中说道：“陛下自经史典籍翰墨外，对其他任何玩赏消闲之物，应摒弃不用。那小臣不体圣意，随意私买珍玩送陛下，是亏损圣德，乞陛下严行禁绝。”高宗阅后，赞陆游为保圣德而进言，是忠国之心，批道“必明令禁绝”。

上疏乘胜而进

一一六一年，金兵经过全面备战，抽调精锐，兵分四路，全线南下，长驱直入，意欲彻底灭掉南宋。

战事既开，战局却未能按金兵的预期发展。金主完颜亮御驾亲征，经和州，在江北安营扎寨，派水军驾船数百艘，横渡强攻。在采石矶一带，虞允文指挥宋军战舰迎敌，又调当涂民兵，驾海鳅船向敌船队发起猛烈攻击，分割穿插，将其水军拦腰截断，分进合围，令敌死伤惨重。当晚，大帐内灯火通明，虞允文与众将分析军情，几位大将认为金军惨败，必要休整，我军应以逸待劳。待众将言毕，虞允文慢挥其手，言道：“不然”，他判断，金兵乘我不备，凌晨必反攻。他命众将待命，兵不卸甲，马不下鞍。夜半，他命水军悄然驾船到上游杨林河口埋伏。天将明，金兵果至，钻进了虞允文设伏的“口袋”。虞允文一声令下，火器队齐射竹管药火箭、霹雳弹、震天雷等，远距离打击，火烧金船三百多艘，烈焰滚滚，红透江天，仿佛火烧赤壁。虞允文以不足两万之军，大败金兵四十万之众，是以少胜多的辉煌战绩，史称“采石之战”。

金军海上一路，也未得手，遭遇浙西马步军副总管李宝所率军队和民兵的绝地反击，溃不成军。李宝备战充分，他率战船一百二十艘、弓箭手四千人，在海上抗击金兵南进。他们兵在海州附近，先为被围攻的魏胜的抗金民兵解围，又和山东境内几支义军联手，向北推进。在胶西附近海面，李宝巧设埋伏，示敌无形，以逸待劳。天微明，金军船队风樯鼓荡，战旗飘飘，金鼓齐鸣，先声夺人，如入无人之境。李宝见风骤急，漫卷战旗，大呼 :“好也！”待敌船逼近，李宝一声令下，四千弓箭手万箭齐发，火药箭在敌船队中引发火海，火借风势，风助火威，火龙翻滚奔窜，战船被烧得“噼啪”直响，惨叫声连天，转眼间死的死、逃的逃，金兵首领苏保衡在乱军中改装为兵卒，侥幸只身逃出重围。李宝军生擒敌兵两千，大获全胜。

另两路金兵，一路粮草悉数被焚烧。西北一路，被四川宣抚使吴璘率军重挫，吴璘乘胜向北推进，收复西北两大州秦州、洮州。金兵大败，其京城留守完颜雍发动政变，自立为帝，前线完颜亮，在扬州被部将杀死。魏胜义军在山东，以大股部队东西战、南北攻，搅得金营风声鹤唳。

金兵全线撤退，宋军夺回两淮，抗战重又出现了前所未有的大好局面和反攻条件。抗战派主张乘胜追击，攻其喘息未定。也有人提出，即使守势以待，也应全线向北推进二百里，扩大前线纵深。陆游在朝中积极鼓吹抓住胜机北进，和众臣呼吁请出老将军张浚统帅军队。不料宋高宗和宰相陈康伯等竟然提出趁此“求和”。朝廷哗然，反对声四起。陆游此时不惧风险，挺身而出，上疏高宗，直言金人内有政变，外有溃败，内部不稳，人心浮动，军力、国力大减，无力南顾，正是我收复河山的最佳时期，“应乘连捷之势，击溃败之军，不可复留残寇，长为国家之忧。万望圣上决断。”朝野一片主战声。此时高宗昧于形势，出自偏安私心，竟然再主“和议”。怎奈此时他已难控制局面，骑虎难下，迫于形势，一一六二年，宣布退位，住德寿宫，为太上皇，朝纲交于孝宗。

孝宗即位

高宗与孝宗政见有异，然孝宗至孝，父子情深。孝宗虽非高宗亲子，高宗却视同己出。

孝宗为储时，一次突患痢疾，御医治疗不见效。高宗微服出宫，亲访几家药店。在一家药店，坐堂医说他可一试。次日来接，他方知是宫中事，倒有些惴惴不安。高宗嘱他不必惴惴，放心诊病就是，他连声“诺诺”。诊后，医生诊断为，因喜吃螃蟹，多食伤脾胃，久之脾胃阴虚，引发冷痢之患。诸位御医以热痢下药，是不对症，自不见效。这位医生又道：“可采湖莲藕节，捣烂取汁，温酒调服，三日即可痊愈。”连服三日，果然痊愈。高宗说道：“治国如治病。”孝宗应道：“对症下药。”为谢此医，高宗把皇宫的捣药杵赐他，从此这位坐堂医名声日盛，他苦读精研，十年后乃成名医。

孝宗敏于事，做储君时，对朝政了然于心，他深知秦桧之奸。一次，秦桧以缉盗为名，抓捕一千多人，隐瞒不报。孝宗对高宗言之：“此事关系重大，捕人众多，伤民结怨，必失人心，望速决断。”高宗言道：“速告大理寺遵旨，立即释放。”秦桧病危时，对朝廷秘而不宣，阴谋策划让其儿子秦熺接任宰相。孝宗密启高宗，破其奸计。

孝宗即位，励精图治，锐意进取，试图恢复，实行了一系列拨乱反正的政策。他重用抗战派，为赵鼎、张浚、岳飞等大批受迫害的文臣武将平反昭雪，健在者重新起用，委以重任。李光与其子李孟光均从流徙地归来，李孟光获任台州知州，当年密告者陆仲高则被贬谪到雷州，他言道：“若知今日，何必当初？悔之晚矣。”孝宗大刀阔斧清除秦桧余党，明令这些人今后不得进入朝廷；简政强军，裁减省、部、寺、监冗员，收编抗金义军和官军一同作战；兴修水利，严管质量，定期检查，违者严惩；鼓励农民耕田植桑，及时赈济灾民，放宽灾区税赋。一时气象一新，朝野寄予厚望。

孝宗对陆游早有所闻，读其流入宫中之诗，很是欣赏。一日，孝宗步入华文阁，询问当今可有李白才华之人？右丞相史浩答曰：“陆游。”黄祖舜等也竭力推荐陆游，说陆游善辞章，精通历史。

未几，孝宗召见陆游，问其治国安邦之策，陆游从容而对。陆游说：“金人诡诈，胜时急进，败时喘息，以和议为诱饵，随机撕毁。”他又说：“对金作战，应从长远计，须谋而后动。”孝宗问道：“何为谋而后动？”陆游答道：“当以大兵与舟师十之九，固守江淮，控扼要害，养精蓄锐；以十之一，与其游击对峙，伺机而动，他袭我，我亦袭他，来而不往，非礼也。扰其军心，出奇制胜，速出速战速归。待要地抚定，条件具备，方可用重兵，以图恢复。如此，则进有辟国拓土之功，退无劳师失备之患，实为天下之至计也。”

孝宗听后，不露声色。他思忖，太上皇“主和”，他如何“主战”？朝中重臣顺高宗者多，他如何破除掣肘？陆游主张是为持久抗战，需要将帅人才、能战之军，更需强盛国力，势必旷日持久，待到何时？孝宗虽想振作国势，听后却沉吟不语，不想深谈。事后，孝宗对吏部评说陆游“力学有闻，言论剀切”，赐以进士出身。进士出身，在宋代视为已在进士之列。这是孝宗为陆游打通了上升的空间。

柒

敢谏直言

一一六三年，陆游调任枢密院编修官，兼编类圣政所检讨官。枢密院编修官，是整理、编写枢密院档案的文职官员；编类圣政所检讨官，是负责修国史和记录当今皇帝的圣政。

触怒龙颜

宋朝有“轮对”制度，在朝重臣、高官、能吏都有轮流进见皇帝的机会，回答皇帝的“垂询”或陈述本人“奏请”。皇帝通过召对，可了解下情，也可当面考察官员的所思、所想，检验官员的德、才、能、绩等。

一次陆游入对，孝宗问道：“可有奏请？”陆游答道：“臣启奏。”孝宗曰：“奏来。”

陆游奏曰：“陛下初即位，乃是以严格纪律示人之时，凡官吏将帅，一切吃喝玩乐之风气，尽应杜绝，严格禁止。凡严重败坏官德官品之嗜好，陛下应与众人共弃之。”

孝宗问曰：“何哉？”

陆游曰：“上有所好，下必甚焉。奸巧之徒，必窥圣上所好，而投所好，以谋其私。楚王爱细腰，宫中多饿死；吴王好剑客，百姓多创瘢。故圣上应以典籍翰墨为好，引领风尚，其余嗜好不该有也。”

孝宗曰：“善。朕与官吏将帅，当洁身自好，专注国事，宣导国人。”陆游说道：“如此，国风可正，民气可淳也。”

在朝廷，所见日多，针对弊端，他常有所思。孝宗即位后，重用昔日为太子时的两个门客，一为龙大渊，一为曾觌，朝中多人反对。龙大渊任左武大夫、枢密院副都承旨，曾觌任武翼郎带御器械，两人均兼皇城司，兼管皇城卫戍。这两人大权在握后，不自谨慎，反而恃宠而骄，结党营私，士大夫中的奸猾寡耻之徒暗中攀附。孝宗不知，还常招两人宫中燕狎，朝中微言流播。谏议大夫刘度、中书舍人张震和殿中侍御史胡炎，先后谏言孝宗，待两人不可无度，孝宗不纳，三人遭痛斥。刘度请辞，后与张震遭贬谪，外放。胡炎不得重用。

史浩一次偶然对陆游讲出他在宫中所见，言道圣上不该纵容龙大渊与曾觌。陆游无此谏言之权，他不避风险，说给参知政事张焘，说这两个人，用花言巧语迷惑圣上，请张焘依职奏知圣上，否则他日尾大不掉，不能除之。陆游还说，圣上也不该招人在宫中燕狎，祸患常积于忽微，智勇多困于所溺。张焘听此言与陆游同声相应，奏知孝宗。他想借此看孝宗是否坚持用这两人，若还用，他不愿与这类人同在朝班，他亦将辞官离去。孝宗听奏，问了何来此言，张焘如实以答。孝宗闻之，勃然大怒，厉声斥之曰："鼓动是非，小人反复！"一一六四年初，怒而贬陆游为镇江通判。张焘请辞，不久，张焘亦遭贬谪。

触怒龙颜，陆游并不后悔。他离京前，几位友人饯行话别时，对他说道："武官怕死不敢战，文官怕死不敢谏，国势必衰。务观兄，国之栋梁，他日可待也。"

得遇知音

一一六三年，孝宗起用了曾四次被诬陷罢官的老将军张浚。

张浚初主和而后坚决主张抗战，矢志不移。此时张浚已被秦桧罢官二十年，流放在偏僻穷困的永州，年已六十四岁。

孝宗任张浚为枢密使，命他统制江淮李显宗和邵宏渊两路大军，李显宗为正，邵宏渊为副，准备北伐。陆游闻之，大喜过望。他早知前辈张浚老将军文武兼备，能攻善战，功勋卓著。他胸襟开阔，慧眼识人，为国选才，出以公心，当年其所荐者虞允文、汪应臣、王十朋、刘珙等皆成名臣；其选拔吴玠、吴璘、韩士忠、刘锜等人均英勇善战，皆成名将。每推荐，辄有人言，某某因何不宜，某某因何不宜，张浚力争道："金无足赤，人无完人。瑕不掩瑜，在琢磨也。用其长，不纠其短，况其短是否有之，尚待明察也。"他四次遭罢官，皆因投降派乘隙弹劾与陷害。

陆游对孝宗启用张浚，极力支持。陆游在给张浚的贺启中，表达了内心的期望，写出了自己的军事见解，建议张浚不可急于开战，应积蓄力量，“岂无必取之长策，要在熟讲而缓行。”

孝宗急于建功立业，力说张浚，命其立即北伐。依张浚之意，应谋划全局，统筹准备，备战有成，方可用兵，与陆游等多人建议不谋而合。然孝宗决心已定，对张浚说：“成，功在卿；败，责在朕，万无犹豫。”张浚北伐首战，取得采石矶（马鞍山附近）大捷，以少胜多，人心为之振奋。次战，本有胜算，然而祸起萧墙。本来确定分进夹击南进金兵，采用城外掩杀战术，可是邵宏渊因妒忌李显宗，竟违背号令，按兵不动，优势顿时化为劣势。李显宗孤军奋战，而看到金兵增援，邵宏渊竟然擅自撤军，成为历史上有名的兵败符离。张浚奏闻孝宗，要引咎辞职，孝宗不允，说道：“朕与卿相约北伐，今败，其责在朕，卿无咎也，群言不可畏。”

一一六四年初，孝宗命张浚以右丞相之位，都督江淮大军，驻节镇江。张浚训练民兵，整编军队，赶造船舰，军阵威武，金军不敢窥淮水而南进，金主曰：“张帅，宋之长城，可畏也。”这时陆游已在镇江通判任上，张浚的十几位幕僚、参赞军事陈俊卿、参议官冯方、王景文等，皆为多谋之士，住在镇江府。陆游和他们常在一起议论强国、建军、富民之理，引为知己。

他以世侄之礼拜见张浚，日不尽言，夜继之，秉烛倾谈。陆游敞开心怀，畅谈了他抗战的主要主张。陆游主张整顿吏治，选贤任能，彻底清除投降派；轻赋税，抑豪强，扶危困，赈灾民，聚人心；富国强兵，培养国力，从长计议，不可急功近利；整顿社风、民风、村风，去奢华萎靡，倡简朴，提升正气。张浚欣赏陆游的战略思想，时不时笑而称是，说道："胸有成竹，可待来日。"

将星陨落

不料，这时孝宗上受太上皇高宗掣肘，左右受投降派压力，不得不按高宗旨意，任秦桧死党汤思退为左丞相，意在牵制张浚，孝宗有苦难言。汤思退获任，即策划驱逐张浚，用秦桧之法，假手同党，罗织罪名，连续弹劾，孝宗不得不把张浚外放福州。这期间，张浚曾八次请辞归乡，孝宗不准，以待来日重用。

张浚即去，不忘朝政，犹上书孝宗，指出奸邪必误国事，且劝孝宗务要亲贤者，远小人。有人劝张浚，勿复以时事为言，张浚说道："我受两朝圣恩，久获重任，苟有所见，安敢不言？圣上如果还要用我，我当即日束装就道，启程前往，不敢以老病为辞。你说那话，是何心哉？"闻者耸然。

张浚去福州路上得疾，自知难愈，手书付二子曰："吾尝为相，不能恢复中原，雪祖宗之耻。我即死，不当葬我先人墓左，葬我于衡山下，足矣。"张浚心力交瘁，忧愤如焚，不幸死于赴任途中，享年六十八岁。讣告发出，孝宗震悼，停止早朝，言道："天柱折也！"孝宗感于张浚忠国，两次追封，赐谥号“忠献”，以彰其功。

陆游得知张浚死去，涕泪横流，数日怏怏，悲情难节，他自思自叹：“自毁长城，国之不幸！”他在《送王景文》一诗中，写出了他送别友人时缅怀张浚之心：

张公遂如此，海内共悲辛。
逆虏犹遗种，皇天夺老臣。
深知万言策，不愧九原人。
风雨津亭暮，辞君泪满巾。

汤思退在弹劾张浚之后，又将主战的二十多名官员，罗织罪名，逮捕入狱。他派亲信通敌，暗去金国，邀约派兵渡淮，以与他的投降活动相呼应。1164年，金兵分四路大军南侵，连续攻破商州等要地。汤思退启奏“和议”，孝宗直斥不准，汤思退竟扬脸目视孝宗说道：“请报太上皇。”孝宗内心震动，闪过四字：“重臣欺君！”无奈，请太上皇阅，太上皇高宗曰：“和议。”金朝开出条件，除了将金军新占领的川陕、河南州郡割让给金朝，两国关系还定位为“侄叔”之国，孝宗为“侄皇帝”。

一一六四年十二月，《隆兴和议》签订。太学生张英等七十二人上书，控告汤思退、王之望、尹穑等三奸臣误国，为老将军张浚等人鸣不平，请斩三人，流放其党羽，重用忠臣良将，并明示天下。陆游内心赞赏张英等人的正确意见。他认为

“众生合疏论危机”，“士气峥嵘未可非”。孝宗在朝野强大压力下，不得不逆太上皇高宗之意，罢免了汤思退左相之职。汤思退心怀鬼胎，在外放赴任的路上，担心通敌事泄露，又为命运担忧，忧愁、惧怕而死，太学生诸人说其“死有余辜”。

一一六六年，陆游调任隆兴府（今江西南昌）通判。他携全家人乘船去南昌，正逢夏季，千里水路，时逢暴雨狂风，“白浪如山泼入船，家人惊怖篙师舞”，苦行十余日方到南昌。陆游到任即行公事。

十二月，突然传来宁远节度使杨存中逝世的消息，陆游心中十分悲痛、沉重。他想起初入朝廷任职时，高宗拟任杨存中为江淮宣抚使，陆游从众议，亦持反对意见，奏高宗“不宜”。后改任。杨存中英勇敢战，力能绝人，历经大小二百余战，胜多负少无大败，屡振军威。陆游对两儿说道：“世上知人难。老父当年不识杨存中大节，误奏，今颇内疚，愧对杨公。尔等切记，知人不深，勿下断言。”陆游设案，焚香祭拜。想到杨存中身上刀伤箭痕五十余处，父、祖及母皆死于难，陆游潸然泪下。

陆游未料到，汤思退虽死，其余党犹追剿他，弹劾他“交结台谏，鼓唱是非，力说张浚用兵”。一一六七年二月，陆游因此被罢官，又携全家千里回返。

捌

乡居岁月

归途，陆游在临川会见老友李浩，在玉山会见老友芮晔。知己相逢，无所不谈，颇多快意。然而想到张浚老将军已死于忧愤，陆游难以释怀。

难忘张浚

在镇江时，老将军一次对他说道："吾年少时，师从老太尉曲琦学兵法，今当传授给你。"陆游答曰："吾不敢从命。"张浚说道："你是大才，当以功名显于世。此郡宿兵大多老将，你可常与他们交往。"陆游以素不知兵，又多病为由，答曰："不宜交往。"张浚并不以其言为忤，对陆游说道："我想招你来本司。"陆游深感张浚对己寄予厚望，量力实不敢当，陆游说道："方以愚戆，不敢安于朝，岂敢拖累您。"张浚摇手，说道："不然，等我回朝时，我要力言之！"不多久，张浚却被罢免了，一番肺腑之言中的厚爱与信任，深深铭刻在陆游心中。

回到山阴，陆游和子虡谈到老将军的遭遇，说道："人世常有不测风云，不可逆料；顾望总是美好，意外却是无情。要取功名，先要有经受挫折的准备。"

一次乡邻小聚，酒酣耳热之际，吴兄李弟及众人不免问起张浚老将军北伐之事。陆游说道："张浚北伐，是圣上旨意。老将军奉旨行事，何错之有？"陆游一桩桩说来，众人听得入神。陆游呷口酒说道："张浚四岁而孤，行之视端，无狂言，识者知其必成大器。入太学，进士及第。张邦昌僭立，他不附伪，逃入太学避之。闻高宗即位，驰赴南京，践行仁臣之道。他几次受重任，决不负托，高宗欲任其为相，张浚说道：'浚乃后进，实不敢当。'婉谢，不就。"吴兄几人连连赞道："真乃忠臣、良吏！"

陆游见众人重义通情，兴致颇高，激情洋溢，环视左右，轻轻放下筷箸，又说道："今天是野老话渔樵，且听我再讲一故事，却是真事。"陆游说，张浚驻军秀洲，尝夜坐，警备森严，万籁无声，却忽有人窜其室，入其前，张浚一惊。只见那人，手伸进怀里，从怀中掏出一纸曰："这是贼人买您首级的赏格，首级十万两。"张浚怒目圆睁，厉声问道："意欲何为？"那人道："我是河北人，粗读书，知逆顺，我岂能为贼所用？特来见您，是因为发现您防备不严，恐有后来者耳。"张浚感动，立执其手，问其姓名，那人只说一句"大人多加戒备"，不告而去……众人由惊而喜，连说"义士、义士"。陆游说道："义士难得，国人之心，亦见张将军威望耳。"

后来，张浚次子张杓先后两次去衡山扫墓，陆游同道前去，写挽诗，沉痛悼念：

河亭挈手共徘徊，万事宁非有数哉！
黄阁相君三黜去，青云学士一麾来。
中原故老知谁在，南岳新丘共此哀。
火冷夜窗听急雪，相思时取近书开。

村趣乡情

陆游在镇江时，用积攒的俸禄，在镜湖畔，行宫、韩家、石堰三山环抱处买了西宅，对那里的十几间房屋，按心意改建。罢官归来，全家即搬离“云门草堂”，来三山西宅居住。这里地处山阴西郊八里，宜家宜耕。

陆游迁居这里后，看远山、近山，欣赏松竹高低错落，梅花几树，樱花两三丛，再看窗前海棠正艳，享受乡村气息，他对儿子说，这里有意境，有意趣，似若《陋室铭》所写，“苔痕上阶绿，草色入帘青”，“无丝竹之乱耳，无案牍之劳形”。他兴致盎然，在诗中写道：“虽云懒出游，闭门乐事足。”他对功名看得很淡薄，颇有“用之则行，舍之则藏”的旷达。他的一首七言古风《雨霁出游书事》，记叙一次雨后出游，披露自己安闲、淡泊的心境。

那天，他看到在池塘侧，有小鱼被细柳条穿颊，将被入锅烹调。他对渔翁说道：“几十钱卖我？”原来渔翁认得他，说道："我识陆公，权做小礼奉送。"陆游笑曰："我收下你的情意，你收下我的钱。"渔翁笑应道："只收三十钱。"陆游拿出五十钱，拉过渔翁的手，放在他手心，说道："我们今后为友，不可客气。"渔翁连声道谢，背篓远去。陆游买下小鱼，欣然放生，鱼儿摇尾游走。他在诗中写道：

十日苦雨一日晴，拂拭柱杖西村行。
清沟泠泠流水细，好风习习吹衣轻。
四邻蛙声已合合，两岸柳色争青青。
辛夷先开半委地，海棠独立方倾城。
春工遇物初不择，亦秀燕麦开芜菁。
荠花如雪又烂熳，百草红紫那知名。
小鱼谁取置道侧，细柳穿颊危将烹。
欣然买放寄吾意，草莱无地苏疲氓。

——《雨霁出游书事》

这诗在自然风光的描写中递次展开，尽得悠闲自在之趣。诗人为官八年归来，扫净尘埃，在大自然中漫步，无意间流露出无官一身轻的恬淡心态。

陆游归来后，闲时也去看望"云门草堂"附近的吴兄、刘兄、王弟、李弟等老伙伴和乡邻。逢四时八节，常有茶叙或饮酒之会，陆游在《游山西村》一诗中抒写了这浓浓的乡情古风：

莫笑农家腊酒浑，丰年留客足鸡豚。
山重水覆疑无路，柳暗花明又一村。
箫鼓追随春社近，衣冠简朴古风存。
从今若许闲乘月，拄杖无时夜叩门。

病中纠结

陆游在山阴老家赋闲到一一六九年十二月，获任夔州（今四川省奉节）通判。官衔是左奉议郎、通判军州，主管学事，兼管内劝农事，是正八品。这时他正在病中。

原来，这年秋季，陆游曾去府城的西营“润诗堂”买书，归来遇雨，偶感风寒，先是头疼、咳嗽、气促，后又肢酸身倦，自己开方吃了两服药并无大效。请来山阴名医徐先生诊治，和陆游自诊相适。徐先生对陆游说道：“您这病，是外感风寒，应该用辛凉解表药。您开的方子是对的，却是剂量小了点。”陆游说也是。徐先生开出处方，说以紫苏叶、麻黄发散风寒，宣肺解表为主；配葛根解肌清热，助苏、麻发散之力，又说了前胡、杏仁等几味配伍药。陆游说道：“这药可也，不妨再加上桔梗、甘草，既止咳，又清利咽喉。”徐先生说自然。十几副药下来，病已初愈，只是身体仍倦怠。他对家人说：“刚刚病愈，体弱，不堪远行，待明年春后再说。”他内心纠结，难言其味。

春来，陆游病渐痊愈，嘱家人准备行装。

陆游虽从未去过夔州，却不陌生，自幼在诗文中常见。他知道夔州远在三峡，是穷乡僻壤，地瘠民贫。他想到唐代诗人杜甫，曾漂泊到巴山蜀水，在夔州生活了两年，留下了八十多首伤时悯农的诗作。杜甫离开夔州两年后，多病缺医，病逝于湘江船上。晚于杜甫的诗人刘禹锡被贬后，二十三年间，一直辗转在巴山楚水的边荒之地，也曾在夔州任刺史。刘禹锡曾在写给白居易的诗中写道“巴山楚水凄凉地，二十三年弃置身。怀旧空吟闻笛赋，到乡翻似烂柯人”。陆游默诵此诗，独自伤怀。他的心情五味杂陈，为了一家人的生计，不能不去，“残年走巴峡，辛苦为斗米”，何况乡居四年，有志难伸，此去也是报国之机，“四方男儿事，不敢恨飘零”，夔州再荒远，还是要去，要全家同去，免得一家两地，山水阻隔，有明月之思，何况不知何日归去来。他延迟至闰五月十八日离乡。

离乡前，他按陆家几代家风，遍别乡里，叙乡情，述别意，亲情眷眷。离家前晚，兄弟们在城郊法云寺饯行，至五鼓时分方散。古来我国寺庙兼有宾馆功能，文人墨客可以留住，置酒宴饮为习俗。次日拂晓，兄弟、族人、乡邻吴兄、李弟等三三两两络绎而来，远送至二十五里外的柯桥馆驿，正是杨柳岸晓风残月时分。

这馆驿不远处，便是柯桥。这柯桥是单孔石拱大桥，桥高三丈，远远即可望见。桥栏外藤萝密布，参差披拂，下垂迎风，柯水从桥下流到大运河。陆游在这里走过，想到灞陵送别，这柯桥送别情谊又何深，离情别绪恰如藤萝，牵牵扯扯。乡亲们想到去路迢迢，水上多险，又不知何年何月归来，多人暗暗掩泪，强忍涕泣。近旁的永丰桥上，行人听说陆游远行赴任，也纷纷向他拱手道别。大家在渡口，送他全家登上官船，安顿好后，嘱陆游到地写信来。陆游、王夫人和众子长揖告别，众人簇拥岸边，亲情不舍。

船经萧山县，先去临安，陆游须领命。自其离开临安，至今已八年。领命后，二十六日晚，老友国子监司业芮国器招饮，编修官张亢宗、张叔潜等几位友人作陪，抚今思昔，畅叙友情，感叹时光似水，往事如烟。过两日，几人西湖泛舟，只见岸边园苑竹树皆老苍，高柳接天，想到旧交多已星散，或高升位贵，或音书皆断，陆游若有所失。

盘桓几日后，几位友人送其离开临安，抵姑苏（今江苏省苏州），过枫桥，泊船夜宿。仰不见明月，俯不闻乌啼，两岸枫林黑茫茫，只有远处渔火飘忽，寂静无边。家人都已睡去，唯陆游难眠。夜半，寒山寺钟声响起，悠远深沉。陆游默诵张继的《枫桥夜泊》：

> 月落乌啼霜满天，江枫渔火对愁眠。
> 姑苏城外寒山寺，夜半钟声到客船。

他思绪如缕，吟绝句《宿枫桥》一首，抒发内心的孤寂：

> 七年不到枫桥寺，客枕依然半夜钟。
> 风月未须轻感叹，巴山此去尚千重。

从运河入长江，溯流而上，陆游一家人开始了漫长的水上航程。

玖

万里入蜀

全家人和童吏等二十余人同住一船，生活十分不便，何况异乡风土，气候不一。船行三五日后，有时遇狂风暴雨，舟中尽湿，只得泊岸。有时气温骤变，由大热转而极凉如秋，一日之内，晨昏之间，竟有四季之异。先是陆游的五子子布病，未愈，长子子虡又病，船过建康，陆游也身染病患。有时只得在泊地上岸，请当地官员找医生上船诊治。

文武大才虞允文

坐在船上，看两岸山川风物，陆游的精神得以慰藉。每到一地，地方官吏按惯例来迎，偶有旧识，引岸接风叙旧，倒也有他乡遇故知之感，略慰孤寂。“道路半年行不到，江山万里看无穷”，一路上山光水色变换，备感襟怀舒展，眼界大开。

过金陵后，陆游患疾，至采石矶方愈。晚泊舟后，陆游问诸子曰："尔等可知采石大捷？"皆曰："知也。"陆游又说道："尔等说其详。"几个儿子面面相觑，无人可道。陆游望望夜色下幽暗无边的水面，说道："采石大捷，虞允文之功也。"陆游说，虞允文去采石，是领张浚之命，前去犒师。阴差阳错，他到采石时，帅未到位，敌已大军压境，敌骑嘶鸣，我师三五星散，解甲束鞍坐于道旁，未战已露败相。虞允文当机立断，召诸将，言道："坐待帅来，则误国。立战。"众曰："今既有主，请死战。"也有人说："虞公受命犒师，未受命督战，他人坏之，虞公任其咎乎？"虞允文怒斥道："危及社稷，吾将安避？"陆游说到此，神采飞扬。他说，时敌兵四十万，我军一万八千，实力悬殊，虞允文不惧风险，敢于担当，冷静运筹，以寡敌众，以弱胜强，力挽狂澜，是战史奇迹。众子听后，纷纷议论，赞不绝口。陆游说道："政者，正也。子帅以政，孰敢不正？"

陆游讲起虞允文身世，陆游说道："虞允文，蜀地人，家在仁寿县。到蜀后，可去拜谒其家乡。他六岁诵九经，七岁能属文，以父任入官。母逝，丁母忧，哀毁骨立。既葬，朝夕哭墓侧。墓有枯桑，两鸟来巢。念父之鳏且疾，七年守候，不离左右。父死，始去科考，进士及第，在彭州、黎洲、渠州等地任职，政声在野，民心向之。秦桧当国，摒弃蜀士，不得用。秦桧死，高宗召之。入朝，屡立功勋。"说到此，陆游感喟道："宰相起于州郡，武将拔于卒伍，尔等自当奋发。若非其才，耕读可也。学，可以孜孜以求；官，不可孜孜以求，否则，必遭祸，切记，切记！”

壮哉，鄂州！

越铜陵，过阳山矶，岸旁荻花如雪，似“九道白波流雪山”，遥无边际，奇幻炫目。随风飘动的芦花，漫天飞舞，遮空蔽日，似雪非雪，家人甚感惊奇。陆游对家人说道：“这是一片大苇塘。‘蒹葭苍苍，白露为霜。’到秋用荻花絮做被，轻而暖，家乡难得。”忽然，两小儿指水上，大声喊道：“怪牛犊！怪牛犊！”陆游循声望去，原是十多条出奇苍白色巨鱼聚群，出没水中，激起白浪冲天，十分奇丽。鱼之大，确如黄牛犊。过庐山后，又见江中有物，有双角，远望正如小犊，出没水中有声，几个儿子莫不称奇，陆游说道：“天赐万物，各有其性，如此之大，天养也，物我一体，万勿相伤！”

过池州（今安徽省贵池）后，遇到惊险的两天。初时，江南群山，苍翠万叠，如列屏障，连绵数十里。舟顺风，行甚速，江面浩渺，眼界无限。渐而，白浪如山，排击翻腾，陆游所乘大船，随浪头上下剧烈起伏，好似一叶扁舟。

至马当，突然天气骤变。船行石壁下，瞬间昼晦，暗无天日。风势横甚，摧地倒天，群山为之震动，舟人大惊失色，急落帆，进小港，竭力牵挽，已进港者四五舟，舟人皆来助牵。入夜，风愈厉，似天哭地号，啸声愈加恐怖，舟人增十余根特粗缆绳，仍有船毁人亡之险。直至次日晚，风少定，怒涛未息，“嘭嘭”击船，终夜有声，惊心动魄，人仍慌恐难安。陆游镇定自若，将两小儿搂于怀中，连声叮嘱“莫怕，莫怕”。

过鄂州（今湖北省武昌），却是另一番景象。满目商船客舫，不可胜数，首尾相接，数十里不绝，远接天涯，陆游说道：“李白所咏‘万舸此中来，连帆过扬州’，信然。”陆游领众子到陆上一走，只见市邑雄富，列肆繁错。市人见陆游等是江南打扮，远指曰：“城外南市，长有数里，贸易兴隆，晚市至三鼓，早市五鼓又开，人流不绝。”陆游说这里富庶远超钱塘、建康。

路上，陆游告诉子女，岳飞当年就是在鄂州江边，一日雨后，凭栏远眺，只见大江滔滔，长空万里，仰天长啸，壮怀激烈，吟出《满江红》，传遍华夏，必流传千古。两天后，陆游意外看到了大军演练水战，是过去见所未见，闻所未闻。只见大舰七百余艘，皆长二三十丈，上有城壁楼橹，战旗漫卷，金鼓声震，乘风破浪，快捷如飞，铺天盖地而来。江边观者如堵，有数万人，场面实为壮观。八年前在临安，曾有洋人说：“南宋的大船，载重几十吨，他国所无，不知何以竟败于金？”问者昭昭，听者藐藐，无人回答。陆游今日所见军力之强，不由感慨万千，迸尔面对战阵拍栏大呼：“壮哉，鄂州！”

绝妙三峡

过宜昌，又进入了另一个世界，如山水画卷。渐见高崖断壁，江水时明时暗。晚至峡州（今宜昌境内），因其扼三峡之口，故称峡州。回首，云水迷茫，家山万里；前望，山高水险，风云多变，他吟诗道："故乡回首已千山，上峡初经第一滩。少年亦慕宦游乐，投老方知行路难。"这诗一语双关，颇多感慨。他从船窗眺望，只见两岸连山，略无阙处，重岩叠嶂，隐天蔽日。绝岭上多生怪柏，喧泉瀑布，飞漱其间。他轻吟郦道元的名句："每至晴初霜旦，林寒涧肃，常有高猿长啸，属引凄异，空谷传响，哀转久绝……"船行幽谷深峡，冲波激浪，船窗常被山影遮蔽。陆游手抚郦道元的《水经注》，对书中的真实描绘和文笔的简洁精美，不由得击节叹服。至下牢关，千峰万嶂，奇形怪状，夹江耸立。有竞起者，有独拔者，有危欲坠者，有横裂者，其形不能尽数。船工对陆游说："入峡山渐曲，转滩山更多。"陆游笑曰："这是欧阳文忠公（欧阳修）当年过此所留之诗。"

一重江水几重山，船过巫山，峰峦上云雾缭绕，山脚直插江中。陆游见神女峰纤丽奇峭，连连颔首，诵读李白诗《宿巫山下》："昨夜巫山下，猿声梦里长。桃花飞绿水，三月下瞿塘……"入瞿唐峡，两壁绝岩对耸，其平如削，仰视天空如练。这般景色，激荡陆游的心志与诗情，他写诗《入瞿唐登白帝庙》抒怀："晓入大溪口，是为瞿唐门。长江从蜀来，日夜东南奔……丈夫贵不挠，成败何足论。"

往昔，陆游曾看过一幅水墨画《三峡图》，他不相信三峡有那般景色，疑是画师虚构，乃戏人之作。今置身此中，方知此画断非妄作，实为写实写意的上乘佳作，他在诗中写道：“昨日到峡州，所见始可惊。乃知画非妄，却恨笔未精。”流露自疚，悔不该误解名作。当夜，他兴致所至，随口吟出《三峡歌》：

十二巫山见九峰，船头彩翠满秋空。
朝云暮雨浑虚语，一夜猿啼明月中。

船上过重阳

沿途风俗习惯，处处有出奇之处。在富池（今湖北省阳新县），遇一木筏，长五十多丈，宽十余丈，上住三四十家，中有小路来往，有鸡犬，有神祠。船工说，这尚是小者，大者于筏上铺土做菜圃，还有酒肆，行大江之上。在江渎北庙见妇人汲水，皆背负三足木桶。有妇人卖酒亦背负木桶，如遇买者，长跪亦献，古风犹存。少女未嫁者，头髻为同心髻，高二尺，插银钗六支，后插大象牙梳，如手大。

陆游在船上过中秋节，别有一番滋味。他见空江万顷，月如银盘，自水中涌出，水天一色，感叹平生无此中秋也。过鄂州，在塔子矶过重阳节，一村民屠一羊，诸船皆买，俄顷而尽。过重阳不可无菊，陆游求菊花于船上人家，得数枝，插入瓶中，花内敛而含笑，叶扶苏而迎风，枝挺内柔，芬馥可爱。和家人在江上过重阳，自有他乡乐趣，陆游赏菊又吟诗一首，名为《塔子矶》。他写道：

塔子矶前舟自横，一窗秋月为谁明?
青山不减年年恨，白发无端日日生。
七泽苍茫非故国，九歌哀怨有遗声，
古来拨乱非无策，夜半潮平意未平。

几个儿子读过诗后，深感老父志在江山社稷。长子子虡说："自古来，每逢佳节，人们总是在思亲上做文章，偏偏是老父面对一窗秋月，生忧国之思。"次子子龙说："老父念念不忘拨乱反正。"三子子修环视几位兄弟，对陆游说道："老父是'居庙堂之高则忧其民，处江湖之远则忧其君'，耿耿忠心，秋水长天可鉴。"陆游敛眉，对众儿女说道："家国之思，岂可忘怀？"

此时弯月在天，万里澄碧，清风徐来，江水无声。远方船上，有人扣舷而歌，如怨如慕，如泣如诉。桌上烛光摇曳，陆游望着瓶中菊花，陷入沉思……

拾

穷乡僻壤

每到一地，陆游无不关注社风和民情。常每事问，细心入微，体察积弊与生民急难。

行路难

八月十一日，过洞滩，船工言道，这里滩恶多险，人不可乘舟。陆游和家人皆下船，改乘轿，陆行过滩。这时，可见黄牛峡庙后山，兀然屹立。李白漫游蜀地十六年，到此曾写《上三峡》，诗云："三朝上黄牛，三暮行太迟。三朝又三暮，不觉鬓成丝。"这里难行如斯，陆游体验了，似乎李白就在眼前，双鬓如丝，面容憔悴，愁煞人也。

十三日，离开新安驿，登舟上新滩。这新滩是三峡中远近闻名的枯水险滩，又是败船之地。船到这里，十之八九被水中尖石穿透，大家救助，只能使其不沉，却不能移走。陆游想，冬腊月和正月，水落石出季节，可以清除滩上尖石，避免石祸，船工告诉他说，这是人为之祸。原来，这里村民可得船漏之利，他们可卖废船板木，又可滞留船客做生意，兜售土特产。陆游听此见利忘义之风，长叹一声。他问官府不管吗？船工说，官府也曾派遣清石工来，村民则贿赂他们，请他们上报说，石巨而多，清除不掉。以假报告骗官府，下边皆有利可得，陆游无语。他想，祸在官府，受贿成风，须整饬吏治。只要官府一心清石，再以大字刻碑，立于驿站前，公示船载不可超重，派人监督，否则过滩必被石穿，如此一来，谁人自取其祸？船工看陆游若有所思，说道："此地官府对这些事，心知肚明，谁人看不破这事？自有盘算而已。"他又说道："真心为百姓办好事，也不难，不爱钱就行。好比逆水行舟，不进则退，一进十里八里，一退转眼退到百里之外了。"陆游点头说道："所言甚是。"他看到百姓盼官府除弊，整治社会风气，洞若观火，却不知官府的心思不在这里。

十六日，到归州（今重庆市秭归），是伟大诗人屈原的故里。陆游熟读《楚辞》，屈原精神早已融入他的身心。他对几个儿子说道，屈原忧国忧民，不忘初心，遭谗言所害，被逐出朝廷，仍在苦苦追求，"路漫漫其修远兮，吾将上下而求索"。屈原的坚韧不拔，励志后人。陆游深知他正奔走在求索的崎岖路上，他对儿子们说道，功成不必在我，"功者难成而易败，时者难得而易失"。

眼前所见，苍生贫困，令陆游唏嘘不已。归州为州却只有三四百户人家，一镇人口而已。小城背后为卧牛山，城中无尺寸平土。知州告诉陆游，州仓岁收两季，共五千余石，陆游说，这还不及江浙一个下等农户的收成，知州叹曰："此乃穷乡僻壤耳。屈原'长太息以掩涕兮，哀民生之多艰'，正因此而发。"陆游感叹不已，说道："昨日船上闻渔者歌曰：'巴东三峡巫峡长，猿鸣三声泪沾裳。'看来渔者所歌，是诉远离家乡的离人之苦，也是悲叹生活之艰。"

二十一日，船泊巴东县。小城市井极为萧条，只有百余户人家，除县衙外，都是低矮茅草房，了无片瓦。知州告诉陆游，这三峡边上的几个县，荒僻穷困，时有官遣知县，辞不就职，往往空缺两三年，无人来补。代理秭归县事的王康年告诉陆游说，巴东人少，县官了无一事，虚度光阴，深感无聊寂寞。

他陪陆游谒寇莱公（寇准）祠堂，然后登秋风亭。俯瞰大江，陆游叹曰："逝者如斯。"王康年曰："贤者已逝，其迹犹存。"两人缅怀寇准，交谈寇准一生业绩，几多伤感。寇准博学多才，忠君、爱国、恤民。十六岁时，大胆上书太宗，慨言驱逐外敌，保国安民。太宗欣赏其胆识文采，命人记下其名。次年，寇准进士及第，获任巴东县令，意在令其历练。他减赋、兴农，发展生产，改进民生，又在山上植树，修了白云亭、秋风亭。历任几处地方官后，升为宰相。后遭奸臣陷害，几次遭贬，卒于雷州。从此，秋风亭成为人们追念其德政之地。交谈中，不觉重阴微雪，秋风萧瑟，凉意沁人。陆游默然伫立，久久仰望秋风亭三字，始有流落天涯之叹。

王康年等陪陆游离开秋风亭，登上双柏堂、白云亭。王康年说堂下旧有莱公手植柏树，今已枯死，残根犹存。后二日，他又陪陆游谒妙用真人祠。王康年说："真人，即所谓巫山神女也，传说夏禹见神女，受符书于此。"祠对面即巫山。祠中主持对陆游说道："每月十五夜月明时，有丝竹之音，往来峰顶，山猿皆鸣，达旦方止。"众人称奇，陆游说道："海水有潮汐，江水有涨落，莫不是水声之变？"主持又说道："这里旧有乌鸟数百，迎送客舟，久之不散，亦可异也。"主持又说道："从乾道元年起，群乌忽不至，今绝无一乌，不知其故。"王康年等几人面面相觑，无可答也。陆游俯瞰江流，望望众人说道："时移世易，必有其因。商旅萧条，无可觅食，此非群乌远去之因乎？"

阵阵秋风吹过，砭人肌肤，黄叶零落。陆游触景生情，吟诵前人名句：

> 三朝元老公方壮，四海苍生耳已倾。
> 白发故人来一别，却归林下看升平。

夔州往事

沿途名胜古迹，大多在沿江水畔或山上，凡路近易到之处，陆游均应当地官员和山上僧人之邀，实地观览和考察。大凡建筑、碑文、题字、题词和历史掌故，陆游均细加考究，忆古人，叙往事，辨真伪，与人交谈甚欢。

二十六日，肩舆入关，攀登千级石阶，谒白帝庙。迎他而来的主簿张仲对陆游说，此地枕高峡，俯大江，是为三峡门户，川东咽喉。三国时，刘备为报关羽被杀之仇，拒绝群臣力谏，亲率七十万大军仓促伐吴，时为酷暑，竟扎营于茂林深处，被东吴大将陆逊施火攻之计，火烧连营七百里。刘备兵败夷陵，人传退守白帝，忧愤成疾，召诸葛亮从成都来，托孤，嘱以后事。陆游感而言曰："治国，不可守成，不可急功，岂可意气用兵！兵者，国之大事，死生之地，存亡之道，不可不察也。"陆游又说道："刘备托孤白帝是传说，真的托孤之地是在夔州永安宫。"张仲说道："是的。这白帝与夔州，远望似一城，实是毗邻两地。永安宫现已改为州仓，州治在宫西北，甘夫人墓西南。"

二十七日早晨，船到夔州。陆游对家人说，屈指算来，此行横跨浙、苏、皖、赣、鄂、渝六省，穿越十八州，行程五千里，历时一百六十天。一路上，陆游每晚必在船上记录所见所闻。那个时代，官员赴任或离任，大多旅途较远，山川阻隔，交通不便，所费时间很多。从欧阳修起，官员们逐渐形成了写旅途日记之习。他到四川后，汇集旅途日记，题名《入蜀记》，刊刻问世。陆游的日记写得舒展、自然、简约。山川风物，寄情抒怀；古迹碑亭，探幽知微；验证古今，悠思深长，写来饶有兴味。

从船上走下，几个儿子和船工往下搬行李和器物。迎接他的同僚和衙役，纷纷上前拜见，道辛苦。张仲向陆游介绍，城东南，有孔明的八卦阵，聚细石围之，各高五丈，广十围，相距九尺，共六十四聚，又有二十四聚做两层。陆游说道：“看来这八卦阵是迷途阵，敌兵入此阵，如何展开兵力？”张仲说：“每岁江水上涨数十丈，汪洋一片，八卦阵没入水中。冬天，水落石出，八卦阵水雾缭绕，夜闻有攻伐之声。诸葛亮曾言，此阵可当十万精兵。”陆游说：“杜甫有诗云：‘功盖三分国，名成八阵图。江流石不转，遗恨失吞吴。’”主簿说道：“违时用兵，背盟而攻，焉能成事？”他边走边谈，指了指西北方的府衙说：“州府在山麓沙上，比白帝城平旷，显得气魄略小。”陆游说道：“衙小民大，我等心安也。”

谈画论书

陆游到任后，常在晨昏到处走走。

府衙近处山上多竹，一日他和主簿张仲走进竹林，陆游对张仲说道：“这竹，虚心有节，雅而脱俗，性淡而疏，可为我等之师。”又说道：“竹可为我师，非止淡泊，大有可学之处，其虚而有实，其节老而弥坚。画竹亦不易，简约为上，叶似风来而动，竹似疏而实繁，几竿青竹，隐约翠竹连天……”张仲说道：“陆公所言甚是。墨竹，早于唐代吴道子，是集书法与绘画之美，非人人可学。”陆游说道：“写竹，难矣哉，须胸有成竹。用笔当多用中锋，竹竿重而挺，竹叶依然。”张仲又说道："夔州古来画竹者多矣，惜无成者。习书者亦众，然亦未有成者，偏远闭塞所限也。大人若有闲，我向大人学书。"陆游说道："你早已学书二十年，每日临帖可也。最难者，是习草书，构思、布局、章法、用字，提、按、顿、挫，浓、淡、枯、涩，费时费思，忙人不可为。人说二十年学画，三十年学书，诚哉斯言。"几天后，陆游题《学书》相赠：

九月十九树叶红，闭门学书人笑翁。
世间谁许一钱直，窗底自用十年功。
老蔓缠松饱霜雪，瘦蛟出海拏虚空。
即今讥评未足道，五百年后言自公。

两人意趣相投，有闲常谈诗论画，张仲也常陪陆游到各处走走，讲起夔州正史、旧闻、野史、掌故，陆游听来津津有味。

陆游到城东城西，方知东瀼两岸有公田百顷，可出租耕种。西瀼溪以西，适合种柑。张仲说到了诗人杜甫的逸事遗闻，他说道："杜甫五十五岁携家来夔州，是靠州都督柏茂琳的帮助，先是租给他东屯的公田，后又把西瀼溪以西的四十亩柑林赠给他。他在这里的生活还过得去。他离开夔州，沿江东下，去几地寻友寻亲，颇受冷遇，无安身之所，常年乘船漂泊，穷愁潦倒，身患肺病、风湿、风痹等多种疾病，耳聋齿落，早入残年，五十九岁死在湘江舟中，文章憎命达啊。"陆游说道："他死时，家里无钱安葬，四十三年后，他孙子杜嗣业来，才将遗骨运回老家偃师，埋葬在首阳山先人墓旁，他爷爷杜审言曾官至宰相，是唐代早期名诗人。”陆游又说道：“不走千里路，不读万卷书，不可读杜诗。”张仲说：“是啊，杜甫经历多、读书多，阅历不足、读书少的人，是读不懂杜诗的。”主簿张仲知陆游读书几万卷，无事常向陆游请教，两人遂成为至交。

“哀民生之多艰”

陆游看到城里人少，男丁更少，女人四五十岁未婚者多，一家有两三代女子未婚并不鲜见。她们靠上山打柴、市井卖柴供养家人，常年奔忙在山野间，大都面目黧黑，衣难蔽体。家里的茅屋，建在山坡上，只有木架，上盖茅草，不挡风雨，家当仅是一锅一盆而已。陆游见此等境况，痛心不已，这真真是人间最苦的穷人哪！陆游问她们为什么不种田，不种柑林？答曰，她们不敢。陆游不解其意，她们说道：“旧米新豆都要送入官府，种柑也不得柑，这是几百年的规矩。”后来陆游才知道，这里的男丁多在船上当船工或纤夫，常年随船西去东下，冒死在急流险滩中谋生，稍有闪失，转瞬间葬身江水，死后不知漂流到异乡何处。陆游闻此，十分痛心。

夔州在长江北岸，地势高峻，百姓吃水难，古来已然。人们吃水都是用竹筒连接，有的长有几百丈，竹筒盘环把泉水引到住地，似今之自来水。居住在三游洞一带的人家，因附近无水源，要到十里之外的地方背潭水，一年四季翻山越岭，苦不堪言，自古如此，习以为常。陆游曾到两三家看过，向他们讲，这山就在长江边，不会没水源。两个月后，他派衙役去这些人家，催促他们寻找水源。这几十户人家攀山崖，登绝壁，寻找水源，终于在三游洞山腰上发现细小暗流。把暗流打通，水汩汩而出，飞流直下，几天后在山脚冲出一深潭。潭水呈乳白色，含草药香。水珠如玉，常盈不枯。“三游洞的人有水吃了”的消息传遍夔州。人们为了纪念陆游的功德，称此泉为“陆游泉”。

关爱学子

陆游主管学事，这年正逢夔州乡试。考试前一个多月，生员们陆续而来，大多衣着陈旧，面有菜色。闻听陆游监考，盼望科场风清气正。那时，从京城到地方，科场舞弊案时发，几地曾有生员皆持棍棒追打作弊者，也有生员举报作弊，“喧闹屋场，蹂践几死者数人”。科场作弊手段繁多，这里单说“代考”，代考秀才，要银十两；代考举人，要银五十两，至于打点官员、考吏和查验等人花费更多。考前，陆游召集几位考官议事，告之曰：“为国选人才，乃国之大事，学子终生所求，我等须精心阅卷，遍加批点，即文不中式，要点出缘故。学子孤寒落地，家徒四壁，几代人望眼欲穿，以求榜上有名，得公俸养家，情亦可悯，务使公正，令学子心悦诚服。”陆游还说道：“众卿阅后我要一一复审。”一位考官扫了其他几位一眼，说道："陆大人，我等仔细批阅便是，何须大人劳神？再说考卷如山，怕到拆名那天复审难毕呀！"陆游说道："这如同我等上山采灵芝，深山寻俊鸟，职责在肩，抓紧便是。"几位考官诺诺连声，起坐，要告退，陆游说道："且慢。还要重申，凡有奸佞取巧，冒名替考之徒，要依刑法处之，流配千里以外，所涉生员取消终生考试资格。"几位考官称是，表示即日贴出告示重申。

按规定，开考前，陆游和众考官、衙役等进入考院，与外界隔绝，联络皆断，诸事不理，各读其书，以待开考。开考前夕，考生进考场要经三次验身，严防夹带、打小抄。

发榜之日，生员们三五议论，说今年科考风气不错，有一生员却求见陆游。考官说无此先例，陆游说例系人立，让他进来。这一生员衣带褴褛，是寒门子弟。进来后，陆游问明来意，命人找出他的试卷，请他自己先阅。片刻，只见这位生员双鬓已汗水涔涔。陆游对生员说道："文章千古事，得失寸心知。考官批阅，圈圈点点，无误，我复审过。"陆游拿过考卷，指其瑕疵，纵论为文之道，嘱其博学之、慎思之，陆游又说道："你家境贫寒，十年未中，不可泄气。回去须多访名师，勿偏居一隅，局限门户。天道酬勤，有志者事竟成，来日可待。"这位生员见陆游待人宽厚，并无责备之意，陆游又送他一件旧衫，这生员感激欣喜以至泣下。众生员闻听后皆曰："陆游知寒门之苦，哀我等不幸，其可造福生民。"

拾壹

烽火前线

通判是副职，公务不多，难以施展才能，他为之烦恼，辄在梦中谏言国事，可见其怀抱所在。一一七二年，任期将满，陆游后顾有衣食之忧，他无可奈何，只好投书宰相虞允文，请予援手，解决家贫问题。

陆游与虞允文并无私交，亦不熟。凭对虞允文的了解，陆游心怀热望。陆游在信中写道："我行年四十有八。任期三年将满，行李萧然，固不能归乡，归又无所得食。一日俸禄不继，则无策矣。家贫，儿年三十，女二十，婚嫁尚未敢言也。请捐一官，使粗可活，或可具装归乡。望哀我穷也。"虞允文深知陆游的为人和主张，对陆游科考与官场受挫之事，内心十分同情。读过陆游的信，他心惨然，陆家儿三十岁未婚，女二十岁未嫁，廉吏、能吏家境何其难哉。他当即写信给到任不久的四川宣抚使王炎，请他尽力安排陆游以后的差事。

敬佩王炎

王炎接信后，即决定聘陆游为宣抚使干办公事，兼检法官，襄助军事、政务。陆游接驿站送来的公文后，将手中事情交割清楚，即离开夔州，奔西北，去宣抚使治所南郑（今陕西省汉中附近）。

汉中，自古就是富庶之地。陆游进入汉中平原，满目生机。油菜花金灿灿，开遍田野、浅山和丘陵，香气弥漫。再走一程，麦垄青青，桑林郁郁，苜蓿连云。又一程，白杨绿柳夹道，微风吹过，草木清香味拂面，吸之爽心脾。田里远近三五农夫低头劳作，有小儿戏于田头，追逐玩耍，童稚之声悦耳。

三月十七日，到达南郑后，陆游才知道王炎幕府人才济济，十多人均是学识丰厚、久经历练的多谋之士。他们见陆游来，分外热情，皆以陆公相称，似是多年相识。

拜见王炎时，王炎说："我离京时，孝宗命我广为搜求人才，随时上报。公为难得之才，必当依仗，职务已授，授以实权。"

陆游见王炎干练、果断，职务很高，却从容待人，名不虚传。陆游说道："承蒙厚待，我当尽职，怎奈在下愚钝，怕难胜任，有负厚望。"

王炎说道："不必客气，我等当以手足处之，为国鞠躬尽瘁。"王炎问道："公对进取之策可有己见？"

陆游答道："我有《平戎策》，草成，浅见而已。"

王炎道："愿闻。"

陆游道：“吾以为，经略中原，必自长安始；取长安，必自陇右（今青海省乐都县一带）始。当务之急是广积粮，勤练兵。金人挑衅，坚决回击；无衅，则守，积蓄军力、民力、财力，待机而动。”

王炎点头道：“可取也。”

陆游见王炎后，深感孝宗睿智识人。一一六二年，王炎是两浙路的计度转运副使，官阶较低，可他却是能臣，治理地方，不惧豪强。浙西是皇亲国戚、勋臣权贵的天下，他们霸占草荡、荷荡、菱荡，乃至坡湖溪港的一切可耕之地，毁坏了水利网，损毁了农田、地力。王炎到任后，常遇受害百姓拦轿喊冤，下人禀报，王炎必曰：“停轿问来。”下人曰：“此等事多矣。”炎曰：“多矣方来诉冤，我等理冤，来日必少矣。”他大刀阔斧进行整治，该退则退，该停则停，该收则收，一年即见成效。

一一六三年，王炎升任荆南知府。这荆南之北百里是襄阳，是南宋连接东线和西线的中间地带，一旦襄阳有失，东西线则被分割切断。荆南是策应襄阳的后方军事要地。王炎到任后，根据荆南有壮丁近万人的情况，建立了“义勇民兵”，农忙务农，农闲练兵，所用费用，只是正规军的二十分之一，所需粮食只是正规军的十分之一。孝宗对王炎的才干十分欣赏，三年三次提擢。派他到四川后，利州东西两路十四州军队，也交他统一调动指挥，地方财政、民政、粮食等统交他负责掌控，职务相当于副宰相。陆游从王炎的政绩深感，将西北之地交王炎统管，是孝宗识人，国之大幸。

“铁衣卧枕戈”

南郑，地处南宋西北前沿，是两军必争之地。陆游到职后，身着戎衣，不计日夜，成为王炎的得力助手。

王炎与陆游来往无晨暮，时做倾心之谈，陆游在《怀南郑旧游》一诗写道：“南山南畔昔从戎，宾主相期意气中。”一次，王炎和他谈到军内将领人选，王炎说道：“吴璘之子吴挺，任都统制，掌兵权。其人远不及其父，骄横放肆，倾财结交士人，是为己深谋。他草菅人命，多次误处好人，用谁把他换下来呢？”陆游说：“吴玠之子吴拱可代之。”王炎说道：“吴拱无勇少谋，遇敌必败。”陆游稍停片刻，沉吟道：“倘若是吴挺遇敌，焉能保证他不败？即使他不败，还立了功，他心怀异志，以利为先，恃功而骄，待价而沽，传予其子，倒可能造成大祸……”三十五年后，一二〇六年，吴挺的儿子吴曦，派人密通金军，带领全军叛变投敌，请金封其为蜀王。陆游预测果验。后不久，兴州合江仓官杨巨源与李好义、李好古、李贵等，顺应军心、民意，深夜带七十勇士突然袭击伪王宫，破门而入，杀死吴曦，蜀地重回南宋。这是后话。

且说陆游担当起职责，奔走于军营哨所。他带领侍从士卒，从荒原水畔，到铁岭绝岩，从骆谷口、和尚原（今陕西省宝鸡市西南）、仙人原（今陕西省凤县、略阳交界处），到定军山、大散关，行行重行行，不辞劳苦。春寒之夜，路过东骆谷，刁斗声声，清角吹寒，远山连绵，月色如霜。山麓，军帐列阵，万马皆露宿，这枕戈待旦的军营景象，令陆游愈加佩服王炎治军有方。

军旅生涯，对陆游而言，陌生而艰苦。陆游却如鱼得水，不以为苦，南郑方圆三百里内，都留下了他的足迹。有时“行行求旅店，借问久乃得”，考察边防要塞、军事设施、山川形势、军力民心等，与士兵同食同眠。他在诗中曾写道：“朝看十万阅武罢，暮驰三百从军行”，“铁衣卧枕戈，睡觉身满霜”。一天夜晚，他巡行到沔阳驿。那里军卒的生活很艰苦。他和军卒围在一起叙谈，夜里同睡长板木铺，早起和军卒同啃荞麦饼子。

走马大散关

有一天，他带领三十几个士卒，去大散关。

这大散关，山高路险，危崖耸天，宛若屏障，是战略要地，扼秦蜀咽喉，古来多征战，宋与金数次争夺，现是边防前沿。

在山路上，他一马当先。走到一个岔路口，他用马鞭指着前方问道：“这是什么地方？”士卒答道：“鬼迷店。”陆游勒住缰绳，停马，侧转身，问道：“鬼迷店之名何其怪哉？”士卒答道：“这里有鬼，夜里出没，或远或近，飘忽不定，目为蓝色，身无形，瞬间变幻，迷人魂窍，行人走不出，绕来绕去仍回原处。”陆游说道：“且看究竟。”他领着士卒，进入岔路口，原来岔路口里有岔路口，岔路口套着岔路口。陆游说道：“什么有鬼？世上本无鬼，自心有鬼，必有鬼；自心无鬼，不见鬼。地名奇特，便于记忆，不涉其他。”陆游又说道：“所谓鬼火，实为磷火。我十余岁时，郊野间甚多，色正青，俄复不见。当是时，兵乱四起，死人露于野，枯骨为磷，夜间明灭。乡民知其所以，视为寻常。此地久为战场，枯骨未尽，夜闪磷光，非鬼行魅游也。”陆游趁此接着又说道：“时下幻妖邪人已流及两浙、江东、江西、福建惑众，什么灵异功夫，什么神算高人，什么百病神医，是害人作孽，诳惑良民，骗官暴富。记住这鬼迷店，打仗用得着，引入敌兵，自有胜算。”

他们牵马攀上大散岭，沿着崎岖山路走到大散关，那里守卫的哨兵齐声问：“陆大人好！”陆游摆摆手，掏出汗巾擦汗，几个侍从气喘吁吁。陆游向北方远眺，看到金兵的军帐，像粒粒小沙粒，在阳光下闪烁。陆游问道：“他们挑衅吗？”哨兵们说：“这季节，渭水水浅，时有挑衅，互有胜负。”陆游说：“好，我且在这里住两日。”

当晚，陆游与士卒围坐帐内，陆游接白天的话说道：“旧朝宰相蔡京，自少好鬼异之说。及为宰相，常与所谓有灵异者交游。有一人，名林灵素，常以施符水自夸，为人治病。蔡京车驾幸其居所，设次临观。林灵素早已暗中招募京师无赖数十人，让背曲者为伛，扶杖者为盲，噤口者为哑，曳足者为跛。

待噀水投符，则伛者伸背，盲者弃杖，哑者大呼，跛者急走，或拜或泣，各言得疾二三十年，今日立除，痊愈。这本是一场骗局，荒唐莫甚于此，蔡京等见状却大悦，惊呼真乃神医、神术。林灵素以此行骗几十年。还有被蔡京引入宫中者，迷惑皇后、皇妃，妖邪伪气弥漫，鬼神之说大行其道，祸乱宫廷。”众人纷纷说道：“此等人行骗无忌也。”陆游又说道：“白日所讲幻妖邪人，不可小视。他们所印伪经妖象，假借官员作序，流布国中，口耳相传。我在绍兴三十一年（一一六一年），上高宗三札，此事是第三札。我乞请朝廷立法，禁绝伪经妖象，违者从徙一年论罪，消除其异时窃发之患。尔等不可信幻妖邪人，不害人，亦勿自害。”一士卒说道：“大人所说甚是。我有一邻，求官不得，忽遇神算高人，言给其百金，可官至知府。不料百金已付，那神算高人踪影全无。求官者急，后病，一命呜呼。”众人各言所知，皆曰：“鬼迷心也。”

拾贰

铁马秋风

士卒们睡前你言我语，皆曰妖幻邪人自古有之，未若宋之盛也，我等士卒奈何？论及陆公，皆叹曰 :“难遇之官也。”此时夜色已深，兵头曰 :“且睡下吧，恐明日有事。”

身手超凡

次日，乌云聚拢山顶，凉意袭人。午时过后，稀稀落落下起雪来。陆游预料敌将趁雪骚扰，他先到关上，嘱班头，今夜刁斗不鸣，灯火全熄，全队隐蔽关下。待听到杀声起，立即堵截追击。

夜幕低垂，万籁俱寂。陆游带领三十几个士卒，埋伏在山脚渭水畔森林中。叮嘱士卒马衔枚，人噤声，敌过半水而击。不出所料，夜半对岸似有马蹄声，待近渭水，星光下人影已显。只见他们停马，左顾右盼。见无任何动静，齐策马跨进渭水。陆游见机，挥剑大喊一声："杀！"三十奇兵大喊，犹如神兵天降，跃马冲进渭水，陆游一马当先，冲入敌队，手起剑落，先杀一金兵落马。一时刀光剑影，敌人措手不及，几个金兵落水，战马伤而狂奔，阵脚大乱。这时关下士卒闻声冲杀过来，吼声震天，两面夹击，山鸣谷动，金兵见势不妙，落荒而逃。

追过渭水，陆游下令莫追穷敌，以防埋伏。他胯下战马前蹄腾空而立，引颈嘶鸣，草木摇落，声震四野，大壮军威。陆游说马通人性，知人之喜怒哀乐也。回到驻地，陆游与士卒围看夺得的三匹战马。陆游说道："这马是北方马，适于平原，不适于山地。吾等所骑，是洮河马，擅于跨水、登山和千里奔袭，金不如也。"陆游又说道："为防偷袭，今夜不眠，枕戈待旦。"此后数次，他带兵与小股敌军遭遇，处变不惊，指挥若定，获胜而归。士兵赞其文韬武略，是帅才。

陆游在闲时，为改善军旅生活，常上山打猎，多为野兔之类。一日，他上山路过一个村庄，见一老者伏地而泣，他向前俯身细问老者，何故伤心至此，老者哀号相告，山中有猛虎为害甚烈，村民和行旅多人遭扑食。今晨，其女上山打柴，死于虎口。陆游良言劝慰老者，旋即下山，招三十士卒传灭虎之策。尔后，率士卒南山北山逐一搜索。走进一密林处，突然一声虎啸，惊天动地，狂风平地起，树叶纷纷震落。因士卒皆为来自平原之人，个个惊恐而畏，陆游投袂而起，大吼一声，冲上前去。只见猛虎一纵，腾空扑下，陆游一闪，猛虎扑空。猛虎前爪按地，腰胯一掀，陆游一闪，早已躲在一边。这虎一扑、一掀两招不成，怒吼一声，猛剪虎尾，只见陆游急退十多步。那虎见一剪这第三招也剪空，疯狂冲将过来，直立如人，张开血盆大口。忽地陆游一个箭步急如闪电，挥剑直刺猛虎，连刺三剑，猛虎倒地而亡。众士卒缓过神来，皆一身冷汗，连声赞道："陆大人了得，英雄！"众人抬起老虎下山。陆游曾写诗记之曰：

大呼闻百步，奋戈直前虎人立，吼裂苍崖血如注。
从骑三十皆秦人，面青气夺空相顾。

他们下山时，山民迎道相谢，大呼为民除害，老少不忘。陆游找到老汉说道："人死不可复生。我予你三服药，可吃六天，以防痛心而后病也。"老汉眼含热泪，其声呜咽，一再下拜，说道："没齿不忘。"

"细雨骑驴过剑门"

九月，驿站送来家信，是子虡所写。信中写道，王宣抚使派人把全家从夔州接来，安置在府衙附近的一个院落里，是租房，还送来了粮油等生活用品。信中还提到，院里有几棵桂花树，亭亭如盖，正在开放，幽香扑鼻，散入小巷，飘香一条街。陆游读毕，将信放在桌上，轻轻拂了两下，深觉王炎情谊深长，自言自语道："终生之友！"

在前线，陆游意气风发，激情澎湃，多时受压抑的内心世界得以舒展，“修身、齐家、治国、平天下”的儒家思想，鼓舞他一往无前。一日，陆游登上南郑西北秦岭上的高兴亭，手抚长剑，遥望长安，浮想联翩。长安古都被敌占领，灞桥烟柳安在？曲江池馆安在？他想说的是：“等着吧，且待我们归来！”夜晚，他写《秋波媚》词一首：

秋到边城角声哀，烽火照高台。悲歌击筑，凭高酹酒，此兴悠哉。

多情谁似南山月，特地暮云开。灞桥烟柳，曲江池馆，应待人来。

正在陆游踌躇满志、能力得以施展之时，朝廷发生了重大人事变动，宰相虞允文被免职，投降派吴太后的妹夫张说取而代之。十月，陆游接邸报，得知王炎被调回京城。陆游赶紧赶回南郑，幕僚们还都在，他们说，等陆游话别。大家坐在一起喝茶，默默少言。晚间小酌，互道珍重。回到家中，陆游与王夫人闲话后，一夜难眠，想起这十个月的日子，终生难忘，就这样戛然而止，心不甘，意难平，可又奈何？唉，梦断南楼，不堪重省。渭水秦关原不远，怕是著鞭无日了。次日晨，陆游早早起来，到院里舞剑。秋风掠过，凉意袭来，桂花早就零落了，偶有桂子落地簌然有声。

陆游逐一送走幕宾友好，长揖而别，互道珍重，言语不多，情皆黯然。

陆游结束了他人生最辉煌短暂的岁月，既失落又失望，心情抑郁。他获任的新职是成都安抚使参议官。在去成都的路上，过剑门遇雨。

这剑门雄踞大小剑门山之间，七十二座山峰，刀丛剑林般高插云端，地势险恶，历来被称为“天下雄关”。山上柏树森森，起伏远去，颇有神秘莫测的气象。诗人李白在《蜀道难》一诗中，惊叹“剑阁峥嵘而崔嵬，一夫当关，万夫莫开”。陆游在离开成都来南郑时，曾在剑门关驻足而望，被其奇险气势所吸引，久久不肯离去。那时他想，到汉中要建功立业，为国建起雄关。而今归来，再过剑门，天低云暗，黯然伤神，他心中涌出《诗经》的名句：“昔我往矣，杨柳依依。今我来思，雨雪霏霏。”全然没有了出关时的心情。

这崎岖起伏的山路，盘旋幽曲处只能容两人擦肩而过，陆游蓦地想起李白的诗句：“大道如青天，我独不得出。”如今我在这羊肠小道上岂能得出？陆游慢慢吟诗一首：

衣上征尘杂酒痕，远游无处不销魂。
此身合是诗人未？细雨骑驴入剑门。

——《剑门道中遇微雨》

此时陆游是什么心境？是落寞？冷峻？惆怅？迷茫？细品这诗，又有自我调侃及反讽的意味，心情怕是无可奈何吧？

拾叁

书剑飘零

进入剑门关，陆游颇有书剑飘零之叹。

每过一地，遇有名胜古迹，他探幽访古，凭吊先贤，自是“剪不断，理还乱，是离愁，别是一番滋味在心头”。他这离愁，不是词中原意之愁，而是壮志难伸之愁，他远没料到南郑的战斗时光会戛然而止，“渭水岐山不出兵，欲携琴剑锦官城”。他何曾料到会有这突如其来的巨变？

“鬓虽残，心未死”

由秋而冬，寒风吹落叶，白雪漫长街，陆游来到了成都。

陆游的参议官一职是个空衔，“冷寂无一事，日日得闲游”。他除读书、写字、练剑外，多余时光，则遍游武侯祠、杜甫草堂和翠微园、白塔院、大明寺等名胜古迹。他伫立在武侯祠名联前，缅怀诸葛，心中默念：

有志者，事竟成，破釜沉舟，百二秦关终属楚；

苦心人，天不负，卧薪尝胆，三千越甲可吞吴！

他读上联，赞赏项羽率八千子弟兵破釜沉舟，以少胜多，大败秦军的“力拔山兮气盖世”的英雄之举。读下联，忖度越王勾践卧薪尝胆，终于报仇雪耻的决心。陆游早就熟读这两人的历史，今日在武侯祠重温，多了几分深思的沉重感。“十年生聚，十年教训”，是会稽山的坚定、镜湖水的流长，是越人的隐忍韧性。他思忖，他从越地来，怕是要以越人的经历艰难而行了。

他人在成都，心在前方。一次，他与几位朋友饮酒，他是“把酒不能饮，苦泪滴酒觞。醉酒蜀江中，和泪下荆扬”。他心中之思，是渴望得到一纸命令，为国建功立业：“戈船破浪飞，铁骑射日光。胡来即送死，讵能犯金汤。汴洛我旧都，燕赵我旧疆。请书一尺檄，为国平胡羌。”（《江上对酒作》）

在成都只有短短几个月，他又被调任蜀州（今四川省崇庆）通判，不久又命其代理嘉州（今四川省乐山）政务，后又调他回蜀州，再调荣州（今四川省荣县），再调任成都。又将调任嘉州时，尚未赴任，又遭罢官，改派他主管桐柏山道观。所谓主管道观之事，是一个远近均不必到任的虚衔，以此为名，领取祠禄，是俸禄的一半，一任三年。这是宋朝的一项制度，凡被免职或罢官者，一般都授以这类虚衔，或由本人罢官后申请，可解生活之忧。

三年时间，陆游在六个地方调来调去，陆游写诗自嘲，说他很像云游僧，云游四方。不过他在这些地方，能做的事还是尽力而为。在嘉州，他组织民众筑堤防洪，修建岷江浮桥。闲暇时，经常打开大散关地图，思索从西北反攻之策。他在《金刀错行》一诗中大声疾呼："楚虽三户能亡秦，岂有堂堂中国空无人？"中国，中国，朝朝暮暮在陆游的心里，他渴望重整山河，结束分裂局面，为统一中国建功立业。他在《夜游宫——寄师伯浑》一词中写道：

雪晓清笳乱起，梦游处，不知何地。铁骑无声望似水。想关河，雁门西，青海际。

睡觉寒灯里，漏声断，月斜窗纸。自许封侯在万里。有谁知，鬓虽残，心未死。

追慕岑参

在嘉州官舍院落，多年散置奇岩怪石。闲时，陆游和官舍人等筹划设计，垒石为山，高低错落，曲折盘环，翠竹掩映，曲径通幽，别有乐趣。有时他在官舍院落，自己煎茶，以消永日。房侧，高大的梧桐枝叶婆娑，几竿青竹摇曳翠色，荔枝花开，时有鸟雀飞鸣，倒也闲适散淡。闲适归闲适，陆游终不是追求闲适之人，他追求的是铁骑万里，他盼京城来文，调他到前线去。令他失望的是不见驿卒影，何能得见京文？昼思，夜想，枕上梦中也不见，他在诗中慨叹："京书不到天涯路。"

他读书，读诗，挥洒草书。他反复诵读唐代边塞诗人岑参的诗，备感亲切。四百年前事，随历史烟云飘来。

岑参习武知兵，两次出塞，在新疆两地，前后共六年，往来鞍马风尘间，亲历大漠苦寒，归京后，也曾调任嘉州刺史。陆游在年少时，绝好岑参之诗。及长，他经常倚胡床，让儿子在他身边诵读岑参诗篇，直至睡去。（这胡床，是西域传入的斜躺椅，并非现代之床。李白："床前明月光"中之床，即此床，胡人斜躺椅也。）

陆游认为在李白、杜甫之后，诗人唯岑参一人而已。他的诗气魄宏大，豪迈壮丽。每当陆游诵读岑参的《白雪歌送武判官归京》，他仿佛也与岑参一起在白雪中送别："北风卷地白草折，胡天八月即飞雪。忽如一夜春风来，千树万树梨花开……"他吟咏"轮台九月夜风吼，一川碎石大如斗，随风满地石乱走"，宛若和岑参迎着风沙，同走大漠。他引岑参为师，敬仰他的为人，熟读他的诗作。他在官舍壁上，挂起岑参的画像，寄托敬仰之情。他精心选出岑参的八十多首诗，用自己薪俸刊刻《岑嘉州集》，激励世人爱国戍边，张扬民族浩然正气。

《岑嘉州集》刊刻后，迅速流传大江南北。原来两宋时期，刊刻业兴旺，官刻、私刻、坊刻遍布大中城市，仅刊刻书坊，全国就有二百多家，从搜求版本或原稿，到抄写、校勘、刻版、印刷、发行，已形成完整的图书出版机构和发行网络，领先于世界。此时四川、浙江、福建、江西是刻书重镇、图书集散中心。成都等各大中城市书肆图书种类繁多，既有经、史、子、集、诸子百家，也有当代新作，历朝历代诗人和名家作品应有尽有。陆游的作品流布国中，传入宫禁，是自然之事。他刊刻岑参作品，是继往开来，助其广为流传。人说陆游选编，是善本，可信，注文精当，读之者众，为后世留下了一笔宝贵精神财富。

赏花之叹

完成《岑嘉州集》的编选刊刻，陆游放下了心中的一件大事，心情自是愉快轻松。

三月春来，正是踏青赏花的好季节。此时，各家园林都向社会开放，以获众誉为荣。官府从上巳日起，放假三天。南宋著名的藏书家、目录学家、成都知府晁公武，长陆游二十岁，他看到陆游编选的《岑嘉州集》甚是赞赏，称其为岑参诗集的最佳善本。他邀请陆游和几位朋友去成都赏花。他说：“四川海棠名全国，成都海棠冠四川。趁此良辰美景，何不会之于芳园，以消公务之烦、编书之劳？”他和陆游等遍访名园，尽兴而游，所见海棠品种之繁、花色之盛，陆游叹为观止。几种极品海棠，确是名不虚传，一位友人在文中写道：“西府海棠，枝顶含笑，单瓣似胭脂透红；贴梗海棠，朵朵满枝梗，浓淡相间；吊钟海棠，细枝摇曳，花朵含羞下垂；垂丝海棠，花瓣含娇，轻荡微风。”

晁公武和陆游几位朋友徘徊流连，尽赏海棠的千姿百态。园里游人也是三三五五，结伴游园，前者呼，后者应，不舍离去。陆游感叹，春色满园，出门尽是看花人，却难得一见忙于四季的花工。晁公武说道："白发翁、越溪女，旦与暮，花自知。"

尽兴幽赏，三日而归。在路上，陆游几人途经一处荒圃，发现一株极品朱砂海棠，众人惊喜异常。这株海棠，花萼重叠，花蕊娇鲜，花瓣似开未开，枝叶似沾春露，这在素有海棠之国美名的四川，极为罕见。杭州、绍兴，花种繁多，海棠亦盛，亦从未见过这等极品。可惜可叹的是，却埋没于荒圃，被植于野草凡花间，陆游不语，心绪纷繁。

他回到了官舍，夜不能寐。他注视壁上岑参的画像，情不能已，铺纸、研墨、挥毫，写道：

重萼丹砂品最高，可怜寂寞弃蓬蒿，
会当车载金钱去，买取春归亦足豪。

——《花时遍游诸家园》

拾肆

成都四年

一一七四年，重阳节后，陆游去成都，黄昏时候，住在城郊多福院。

晨起，陆游走出院落，山野寂静，林气爽人，山峦起伏，宛若绿涛高低起伏。俯瞰山下村庄，山径蜿蜒远去，这牵动了他的诗绪。他神清志勃，灵感跃动，作《长歌行》。

《长歌行》回旋跌宕，既写出了陆游未得朝廷重用，不能远征的失落，又写出了壮志、豪气和无尽的遗憾。诗中现实的描绘与浪漫的向往，淋漓酣畅，陆游的家国情怀荡人心胸：

人生不作安期生，醉入东海骑长鲸。
犹当出作李西平，手枭逆贼清旧京。
金印煌煌未入手，白发种种来无情。
成都古寺卧秋晚，落日偏傍僧窗明。
岂其马上破贼手，哦诗长作寒螿鸣？

兴来买尽市桥酒，大车磊落堆长瓶。
哀丝豪竹助剧饮，如钜野受黄河倾。
平时一滴不入口，意气顿使千人惊。
国仇未报壮士老，匣中宝剑夜有声。
何当凯还宴将士，三更雪压飞狐城！

诗中也透露着陆游的孤寂，“成都古寺卧秋晚，落日偏傍僧窗明”。

喜逢范成大

陆游回到成都不久，他的孤寂生活有所改变。

一一七五年二月，他的老友、诗人范成大来成都，任四川制置使，负责地方秩序和军事等。

十三年前，范成大曾与陆游同在圣政所为官，闲时论六经、谈诗词，投契于心。范成大是一位德才俱超群的能吏，他在地方任职，明法令、减赋役、安边防，政绩卓然，颇得圣上信赖，享誉朝野。他任静江府（今广西桂林）知府时，奏请圣上，整顿官府经营盐业增价、摊派、巧取豪夺之弊，保护郡县和盐商正当权益，保民平价用盐，上从之。范成大依法而行，建立起盐业正常经营管理秩序，深得人心。他素有文名，尤工于诗。来四川后，无地域偏见，广招当地人才，用其所长，不拘小节，蜀士归心。范成大请陆游为幕僚参议官，范成大与他

“以文字交，不拘礼法”，常聚谈安民之策和军国大事，闲时，诗词唱和，有时赴“雅集之会”。

这“雅集之会”，是宋代的社会风习。宋代的文化和社会生活是“雅骚之趣”与“郑卫之声”交汇，阳春白雪与下里巴人争胜，高雅与低俗混杂，文人的交游之趣，远超盛唐。“雅集之会”在酒肆、园邸、歌院。“雅集之会”必有歌伎、舞伎，献歌、献舞、献艺，“歌啭玉堂春，舞回金莲步”，与会者乘兴赋诗填词。此风贯穿宋代三百年，汴京、杭州、成都等大城市尤盛。瓦舍勾栏日夜笙歌，富人挥金如土，歌伎日收一二十贯，相当于穷苦农民全年收入。有人不重生男重生女，以生女为喜，喜的是生女可去学歌学艺，做官伎或民伎都可富起来。官伎属官府服务，民伎是高官富豪家庭中专职歌舞娱乐人员，多者养伎二三十人，间有养优伶者（戏班），福利待遇和赏金都很高。陆游对“雅集之会”并不热衷，只是从众应酬，而且他认为此风只能使人消极颓废，忘记国破家亡。可是，在宋代，雅集之风已经深深浸染了社会风气，从官府到市井，莺歌燕舞，“商女不知亡国恨，隔江犹唱后庭花”，众人沉溺于炫富、奢华、颓废、声色犬马中。

有时逢假日，他与范成大便服上街，以观市情。在扇子一条街，团扇、六角扇、折扇摆满街面，扇面多有水墨丹青、仕女美图。品种多而繁，令人眼花缭乱，目不暇接。街上人头攒动，有江浙客商，有公子王孙，也有百业之民。范成大对陆游说道：“这蜀扇名不虚传，做贡品入宫，实为袖中雅物，随身珍玩，亦是手中清凉世界。”陆游说道：“在蜀地看人手中之扇，则知其身份。”两人边走边看，对蜀扇制作之精美，连连惊叹。这蜀扇扇面多用丝织绢素，扇价低者百钱可买，高者其价竟一两黄金，陆游为之咋舌称奇。此时市场流通的“会子”类似于北宋的“交子”，是我国早期流通的纸币。陆游对范成大说道：“蜀地多竹，纸质优良，制扇得天独厚，名冠全国，会子源源而来。蜀锦、蜀绣、蜀茶、蜀杉，水陆四通八达，蜀地焉能不富？”范成大说道：“故而称为天府之国。”

陆游不知，他人在成都，朝中有人一直盯着他的行止。这时，乌云暗暗聚结，化成一场暴风雨，突然向他袭来。朝中几个人罗织罪名，说陆游在嘉州时，“不拘礼法，饮酒颓放”。追踪到成都，罢其官。陆游对以此罪名罢官，十分气愤，他说这是“流俗之见非，加之罪其无辞？”原来，宋代实行酒类公酿公卖制度，地方各级府衙均可酿酒宴客和自用，陆游照例而行，是依规从众。他在与范成大谈起此事时，愤懑之情溢于言表，范成大无可奈何，只能好言劝慰，陆游参议官之职虽然已罢免，范成大不以为然，相待如初。从此陆游为自己起个名号为“放翁”，是自嘲，也是自许，更是在道义上的对抗。

躬耕杜甫田

罢官后，依例有主管道观的虚衔授予，给半俸，怎奈陆家人口多，那日子是过不下去的。为补衣食不足，他和家人在郊外浣花溪畔，杜甫草堂原址附近，开出一片荒地，种菜、种粮、种草药，以度时艰。

他对几个儿子说："唐代杜甫，晚年漂泊流落，到成都事事靠友人帮忙。"子龙问道："浣花溪、万里桥、百花潭，这岂是荒凉之地？"陆游说道："这是诗意的栖居，中国文化是诗性的文化，单从物名、花名即可知晓。是美的理想，代代相传。杜甫在这里开荒，种子、树苗、工具亦是友人相送。"子布说道："杜甫的《茅屋为秋风所破歌》就是在这里写出的。"陆游道："在草堂三年，杜甫写诗四百余首。"子坦说道："忧患出诗人。"陆游说道："经历出文章。诗人皆如是。李白两次漫游二十六年，诗多浪漫；杜甫十年漂泊，诗多苦情。草堂留后世，诗圣著千秋。"

杜甫当年种桃树百株，已不见，他手栽的高大楠树、银杏生机勃勃，树冠如华盖遮天，浓荫若巨伞遮地，老干虬枝，历经三百年风雨。陆游与子女们坐在树荫下休息，在耕耘中闲话。子龙说道："杜甫在《南征》诗中写道'百年歌自苦，未见有知音'，陆家就是他的知音啊。"几个儿子说道："我们的日子总比杜甫好过。"陆游遥想杜甫，流落四方，"飘飘何所似，天地一沙鸥"。今天自己的处境，与其何其相似，自有别种滋味在心头。

一一七七年八月，范成大奉调回京，暂代吏部尚书、拜参知政事。陆游闻知，一则以喜，一则以忧。喜者，喜其身晋重位；忧者，忧其再见难矣。心有戚戚然，知音远走，失去可交谈之人，不知何时相逢。

范成大离成都那天，陆游百里相送。大路沿着岷江向南，江流湍急，哗哗有声。范成大说道：“汪伦送李白，李白说，桃花潭水深千尺，不及汪伦送我情，陆公送我，情过汪伦！”陆游说道：“范公待我之情，如岷江之水。”陆游在离成都前夕，曾写诗赠范成大，嘱其下情上达，为圣上多做筹谋，恢复中原。范成大说道：“我等终生，意愿在此。”他送范成大到眉州，停留几天，拜谒了三苏故居等名胜，交谈最多的仍是中原，还是统一。在中崖启程那日，细雨绵绵如丝，陆游送到船上。范成大见陆游不舍，想到陆游命运多舛，自是难过，两人挥泪失声。陆游返身上岸，伫立码头旁，目送官船远去，孤帆、远影、大江……

陆游在蜀，仗剑观书，廉能为国，深得蜀人之心，蜀之名卿巨儒，对其钦佩敬仰，皆倾心相交，愿其长居蜀地。晁公武曾调京离蜀，官至吏部侍郎、礼部侍郎，致仕归蜀后，专心于目录学。他愿舍之一别墅，馈赠陆游。他说：“陆公留蜀，我等可朝夕相会，切磋琢磨，编书理目，传之后人。”陆游也有“在蜀终焉”之志，他曾对长子子虡说：“蜀风淳厚，古今多名人，如在这里居之，后世子孙，宜有兴者。”只是无事闲居，陆游难耐，壮志未酬，心绪难平。

拾伍

奉召东归

陆游赋闲，犹心系江山社稷。

他在《病起书怀》诗中，写出了传颂千古的经典名句："位卑未敢忘忧国，事定犹须待阖棺。"他念念不忘的是沦陷的中原和那里的人民：

中原干戈古亦闻，岂有逆胡传子孙？
遗民忍死望恢复，几处今宵垂泪痕。

——《关山月》

一次酒后在梦中，他梦见夺回了被金兵占领的松亭关，欢呼而醒，写下了"一点烽传散关信，梦中夺回松亭关"。他对闲居锦官城（成都）虚度光阴，感到痛惜与惆怅，"刺虎腾身万目前，白袍溅血尚依然，圣时未用征辽将，虚老龙门一少年。"

对投降派屈辱投降，征歌逐舞，沉湎于灯红酒绿的奢华享乐生活，陆游忧愤不已，他痛斥“将军不战空临边”，“厩马肥死弓断弦”。成都赋闲三年，他写了《前有樽酒行》等多首直刺“华堂乐饮”的诗作。

人事多磨

陆游不知道，在他赋闲的第二年，孝宗曾有意，任命他为淮南东路常平茶盐公事，这是国家经济命脉所在，是比知州高一级的官员，主管地方的钱粮仓库和茶盐专卖事业。

这两年，孝宗严管茶盐走私出口，先是下诏严禁蜀茶入蕃，紧随其后下诏，严令京西、湖北商人，不得以牛马负茶出境，违者死罪。投降派的朝臣听说要用陆游，他们既反对陆游到前线任职，又不情愿让他出任有实权的地方官，他们又以所谓“不自检饬，所为多越于规矩”的罪名进行阻挠，孝宗不得不作罢。但孝宗并没有放弃陆游。孝宗清楚，掌管茶盐专卖事业，必得用廉能之吏，陆游主掌此类事务，断不会为己谋，而论陆游之才干，也当授予职务。

一一七七年，吏部知孝宗有意任用陆游，在八月下令，任陆游为叙州牧。叙州地在今湖南省西部，时为荒僻之地，生活穷困，民风剽悍，常有聚众械斗之事。陆游接文后，着手准备去叙州。意外的是，一一七八年正月，陆游接到内旨，孝宗召其东归回京。友人们纷纷前来祝贺，叙往事，谈未来，自是情深谊长。晁公武对陆游说道：“仍留别墅，待陆公来蜀终老。”陆游说道：“蜀地八年，承蒙诸友相护，人去京，心在蜀，来日方长。”

暮春时节，草长莺飞，杂花生树，杜鹃开得漫山遍野。陆游一家在众友人的簇拥下，在渡口登官船，出三峡东归。当年入蜀，满目秋色，而今东归，正逢春末夏初，沿江景色千变万化。陆游放目青山绿水，吟咏李白东归的名诗：“朝辞白帝彩云间，千里江陵一日还。两岸猿声啼不住，轻舟已过万重山。”那是李白流放夜郎途中，遇大赦而写，陆游虽没有那种欢快的心情，却也觉豁然开朗。水一程山一程走来，诗作很多。在《初发夷陵》一诗中，他写江上绮丽壮观的景色，“俊鹘横飞遥掠岸，大鱼腾出欲凌空”，寄托他身欲奋飞的志向。他写“今朝喜处君知否？三丈黄旗舞便风”，抒发他对未来的向往与期盼。

往日曲折坎坷的经历，使陆游的返京心情甚是复杂。他途经瓜州（扬州）遇雨，江云黯淡。到建康（今江苏省南京附近，也称石头城），他登临下水门城上的赏心亭，雨声淅沥，木叶萧萧，山水苍茫，城郭依旧，山河变色，往事涌上心头，恍如昨日。本来，陆游与主战派一贯主张不应以临安（今浙江省杭州市）为首都，其旁临大海，偏于一隅，不利战守，应建都建康，进可攻，退可守，又可稳定军心民心，震慑金朝。他也曾在高宗在位时，上札枢密院、平章省提出这个建议，却尽付东流。他愁思无边，感慨万千，晚间在雨声中写出《登赏心亭》一诗：

蜀栈秦关岁月遒，今年乘兴却东游。
全家稳下黄牛峡，半醉来寻白鹭洲。
黯黯江云瓜步雨，萧萧木叶石城秋。
孤臣老抱忧时意，欲请迁都涕已流。

君臣之谊

陆游回到临安，孝宗立即召见。

问到蜀中风物，陆游一一作答。孝宗问到蜀道之险、剑门之雄，言道诸葛亮治蜀功莫大焉，陆游说道，他几次拜谒武侯祠，五体投地。古人言，“天下未乱蜀先乱，天下已治蜀未治”。诸葛亮治蜀是忘身忧国，力图统一，民生安定，兵强甲足，堪称千古一相。孝宗言道：“鞠躬尽瘁，死而后已，可佩可敬。”陆游言道：“真可谓‘出师未捷身先死，长使英雄泪满襟。’”孝宗随口诵出诸葛亮祠堂殿前的楹联：

能攻心，则反侧自消，自古知兵非好战；
不审势，即宽严皆误，后来治蜀要深思。

陆游听来意味深长。孝宗和颜悦色，又问到夔州的岁月，言谈间，孝宗颇有慰问之意。孝宗还谈到吏部任其叙州牧，他觉不妥，孝宗说：“念你久在外，故寡人下内旨，命你回京。”陆游下拜，连声道：“谢主隆恩。”孝宗不计前嫌，陆游被深深感动了。十四年前，孝宗初即位，一怒之间，斥陆游，外放镇江，今又下内旨，召其回京，是圣君的胸怀。孝宗流露出派其出使金国之想。可是过几日诏书下，却是任他为江西常平茶盐公事，治所在抚州（今江西省临川）。原来，“主和”派闻听孝宗要委其出使重任，便启奏另任，孝宗转圜，又回到任命他为茶盐公事的思路，只是由淮南改去江西。

茶盐公事，在唐宋是一项重大治国措施。陆游获此重任，友人纷纷祝贺，周必大写诗三首相赠。老友、建安宰韩元吉写《凌风亭》，忆京口相交，贺获此任：“觥船相对百分空，京口追随似梦中。落纸云烟君似旧，盈巾霜雪我成翁。春来茗叶还争白，腊尽梅梢尽放红。领略溪山须妙语，小迂旌节上凌风。”

铁腕治盐

陆游之职虽不是显赫重职，人们却以美差、肥缺视之。全权管钱管粮且不说，单说管茶管盐，已是重权了。从汉朝起，实行茶盐专卖，是财政一大收入，各级官吏常依权从中谋私，中饱私囊，百姓苦不堪言。走私贩卖私茶私盐皆有暴利可得，官商勾结，独霸一方，为害甚烈。及至唐宋，国家专营专卖已成铁律，不过总有人追求暴利，走私贩茶贩盐。他们用金钱开路，行贿官员，打通关节，故而走私贩茶贩盐，禁而不绝。荆南曾有最大的贩私团伙，四百多人持器械贩私茶，官府下令禁止，令不得行；派兵围剿，他们起而造反，两年战及三省。

百姓说“清官能吏必治盐，贪官污吏盐必乱”。陆游到任后，严厉打击贩卖私茶私盐，平抑茶价盐价，实行合理税赋，依法收税，不准官府外加任何费用。他也发现一些官吏，违法向茶盐专卖户收高额茶盐税，个人谋私，致使专卖户抬高价格，转嫁百姓，他坚决整治，麻烦也由此而来。

一日深夜，陆游夜读，忽见窗下似有人影潜入，他吹灭灯光，抄起长剑，倚墙角大吼一声：“何方歹徒？”只见一个人影一纵上墙，逃离官舍。陆游推窗跳出，几个衙役闻声而来。陆游说道：“室内廊中定有人！”话音刚落，忽一人破门而出，一刀向陆游砍来，陆游一闪身，挥剑迎去，剑起刀落，来人一个箭步纵身上房，飞檐而去。陆游说道：“歹徒有轻功已远走。”几个衙役围拢来，一个忽然叫道：“看墙上有字纸！”陆游拿下，入室点灯，只见上写：严查，取陆儿之头！几个衙役说他们手毒心狠，陆游却道：“严查，盐茶，就是要严查！”他吩咐衙役，夜里要格外戒备，不可对人言，免生恐慌。他上书朝廷，建议全国长期整治，以收长效。府中有人问他，何来如此重视？陆游笑而言曰：“这是国家的财政支柱，唐朝此项收入，是国家财政收入的百分之二十，我朝高于唐朝。这下关百姓生活，上关国家收入，是国运人心所系，我做此官，岂能马虎从事？”一时在其管辖之地，专卖户无苛捐，百姓买茶买盐价格持平，盐政出现风清气象。贩私茶及贩私盐者不敢入境，人说陆游爱民不爱钱，一旦有走私案发生，陆游必躬亲督办，依法处置。

拾陆

赈济灾民

一一八〇年，仲夏小旱，旱后忽大雨，连绵多日，止而复下，江水泛滥，来势凶猛，一日之间，数万亩田地和无数村舍淹于汪洋之中。多地灾民困于山，流于途，逃荒人流携老扶幼，啼饥号寒，死亡日增。

独断开仓

陆游启奏朝廷，请施皇恩，开仓赈灾。传檄诸郡，发粟济民，火速送粮到灾区。并命主簿，告安济坊、居养院、安怀坊、施药局和惠民局等，要全力救灾、救人。主簿领命一一告之。

这些坊、局，皆系宋代社会保障机构，粗成体系，遍设州、府、郡、县，部分乡镇也有。安济坊负责公费医疗救灾，施药局、惠民局、和剂局是负责免费门诊和低价供应成药，居养院、安怀坊是养老院，收养鳏寡孤独老人。婴儿局、慈幼庄等收养孤儿与弃婴，漏泽园是社会免费公墓。这等事自北宋兴办后，规定各地必须保证资金，是全世界最早建立的社会保障机构。后因制度初创，管理不善，享保障者渐而多杂，真假混淆，财力难支，逐渐收缩。

陆游全面部署，指挥救灾，却迟迟不见朝廷回文，也不见各地车船前来，心急似火。陆游眼见灾民死亡者日增，他当机立断："开仓救民！"身边粮官面有难色，委婉说道："大人，且暂缓一两日如何？"陆游眼盯着他说道："缓不济急，缓不得也！"粮官说道："没有朝廷旨意，启用官仓，这、这……"陆游问道："你只管说出来，我无他意，你无二心，只为救灾。你这这这什么？"粮官喃喃而语："没有朝廷旨意，开仓放粮，法不容情……"陆游皱眉，俯首对他说道："人命关天，救民于水火，是我等天职。再晚一天，还要有多少生民死去？"粮官无言。陆游说道："乌纱不足惜，生民待亟恤，我等以命救人，如何？"陆游下令："开仓！"然后，他给困于丘阜的灾民送粮，到粥棚慰问灾民，坐平底小舟到县镇、农村督办赈灾。丘阜上的灾民皆说这是救命粮，少死多少人哪！灾民热泪涟涟，连呼不忘救民之恩。

朝廷旨意终于下来，各郡车船亦送粮来，陆游见大批灾民有救了，长长舒了口气，如释重负。这本是体恤民生，是施皇恩的一大功绩，却不料朝中皇室宗亲、给事中赵汝愚弹劾他，说是旨意未下，先擅自开仓，有擅权之罪。

他因功获罪，又遭罢官。他上为朝廷，下救黎民，问心无愧；他无怨无悔，对这次罢官，仍心怀坦然。他离开抚州前，对属下说道："水灾之后，必有瘟疫流行。"他拿出一本书来，对下属说道："我从政以来，常读医书，深究望、闻、问、切之理，常研验方治病之效。宦游四方，搜集验方，精选百多方，刊刻了这部《陆氏续集验方》，内有数方，可预防和治疗瘟疫，请你们传给百姓，自病自治。另，可告安济坊，验方可用，利国便民。"

陆游政声在野，深得民心。百姓惊闻陆大人罢官，纷纷暗鸣不平。他离开抚州的那天，阴云细雨，百姓纷纷相送，十里长街处处有惋惜声传，间有流泪掩涕者，亦有诉说"陆大人为救民丢官"者。泪如雨，雨如泪，人人湿透衣衫。

陆游行在返乡路上，并不以此为功自慰，萦绕他心头的也不是被罢官，而是悲叹未能为抗战出力，他在《雪后苦寒行饶抚道中有感》一诗中写道：

> 十年走万里，何适不艰难？
> 附火才须臾，揽辔复慨叹；
> 恨不以此劳，为国戍玉关！

陆游回到家乡，内心很不平静。老友凋零，旧朋散尽。三十年前，他曾与陈鲁山、王季夷、堂兄仲高，在重九日同游禹庙。而今，他从三桥泛舟归山居，秋高雨霁，望禹庙楼殿参差，光景宛若当年，而同游者都已去世。所识十多位释道老友，先后驾鹤西去。举目所及，物是人非，几竟无可晤谈者，陆游怅然伤怀。

“路有流民终动心”

转年正月，陆游寂寞难耐。一日，风卷大雪，玉龙横飞，陆游戴斗笠，披蓑衣，挟长剑，冲雪出游。他走过越耶溪，到云门山中，攀上云泉，大雪愈烈，风卷雪，雪裹风，充天塞地，举步艰难。至觉林寺放目赏雪，天地白茫茫，他抚剑大吼数声，豪情千里，一泄心中郁闷。雪落连日，黄昏渐霁，陆游浩歌而归。

山径幽折，松白泉冷。到家后，汗水淋漓，体乏而心清。大儿子虡端来热水盆，对他说道：“大雪漫天，老父出游，浩然正气，天地知矣！”陆游说道：“索居闲处，沉默寂寥，求古寻论，散虑逍遥。”二儿子龙说道：“千山鸟飞绝，万径人踪灭。孤舟蓑笠翁，独钓寒江雪。”陆游说道：“今年难有雅兴。正月大雪，十分罕见，怕是非涝即旱，农事可忧。”

果然不出所料，这年两浙又发生了大旱灾，殃及七州四十余县，千村万落赤地千里，大批灾民流离失所，挖草根，啃树皮，挣扎在阴阳两界。陆游是“身为野老已无责，路有流民终动心”，他常以饭食救济过路灾民，只是他家四代人为官清廉，家中人多地少，无积蓄、无余粮，心有余而力不足，难以为继。这一日他听说朋友理学家朱熹获任提举浙东常平盐茶公事，只是不见到职视事。陆游立即写信给他，遍数旱情之烈，灾民之苦，请他速来赈灾，还建议他放宽征科赋税期限，并上疏朝廷，请免后两年的官赋民税，给当地百姓喘息之机。他在信中附诗一首："民望甚饥渴，公行胡滞留？征科得宽否，尚及麦禾秋。"朱熹见陆游相催，知灾情严重，立即束装就道，赶来浙东。他拜访老友陆游，对他说："朝廷刚下旨，我知刻不容缓。老友忧民之忧，我心亦然。"朱熹奉旨，下令开仓济民，命本地米商速出采购，双管齐下，灾情顿为缓解。陆游释然，民心向之。

朱熹又一日来三山，看望陆游，叙谈间说起赵汝愚弹劾陆游在抚州赈灾一事。

朱熹说道："赵汝愚至忠至孝，与卿无公仇私怨，他弹劾你，是依职行事。"

陆游说道："此人心中无百姓。"

朱熹说道："不然。他忧国忧民不逊于卿，他闻四方水旱辄形于色，江淮警报至，他为之流涕，不食累日，视灾民如亲人。遇灾年，旦夕率其家人辍食之半，以饲饥者。如此者，国中有几人？"

陆游皱眉道："既如此，何来劾我？"

朱熹缓缓说道："他说职责所在，无旨而开仓，此例一开，焉知后不有人以赈灾之名盗国家粮仓？孝宗纳其言，说陆游职期已满，本人已请俸祠，罢官归乡可也，并说陆游救民于水火，经察并未谋私，其心可谅，不宜重处。"

陆游言道：“圣上知我。”

朱熹笑曰：“卿有所不知，赵汝愚律己甚严，自养甚薄，冬季在家衣布裘，菜羹蔬食，至今依然。”

朱熹敛眉，面露哀容，又说道：“其母惧怕雷声，每闻雷，必惊而披衣远走。曾有一天寒夜，从远处找回，从者要叩门环叫门，少年赵汝愚遽止之曰：‘莫惊吾母。’露坐到天明，门启而后入。母丧，赵汝愚终日伏首柩旁，闻雷犹起，侧立而泣……”

陆游听罢，唏嘘不已，言道：“汝愚、汝愚，其奉母至孝，自养甚薄，亦有是处！”

拾柒

重新起用

陆游在山阴赋闲，读书是他每日的必修课。

他称自己的书屋是“书巢”。从童年到青年，他对未来充满美好梦想，那时他养成了惜时如金的好习惯，到而今他“读书犹自力，爱日似儿时”。他写诗自勉：“退食淡无味，一窗宽有余。重寻总角梦，却对短檠书。”后来，他称自己书斋为“老学庵”，自题楹联：“万卷古今消永日，一窗昏晓送流年”。

“老学庵”只有草屋两间，实为陋室。只是在镜湖水畔，背绕青山，面临碧水，适宜读书。“老学庵”之意取自师旷语：“老而好学，如秉烛夜行。”

披肝沥胆

他读书不舍昼夜，神游百家。诸葛亮的《出师表》，他少年时早已读得烂熟，而今再读，又有新的领悟。忆起过去岁月，他愤愤然，心有不甘。他六十二岁时写的《书愤》一诗表达的就是这时的心境：

早岁那知世事艰，中原北望气如山。
楼船夜雪瓜洲渡，铁马秋风大散关。
塞上长城空自许，镜中衰鬓已先斑。
出师一表真名世，千载谁堪伯仲间！

黄钟大吕，激越铿锵。他渴望战斗的生活，渴望被朝廷起用，到前线去，一扫狼烟，再息战鼓，完成中国统一。他希望像诸葛亮那般建功立业，他在后来写的《书愤两首》中，依然发出内心强烈的战斗欲望，在第二首中写道：

镜里流年两鬓残，寸心自许尚如丹。
衰迟罢试戎衣窄，悲愤犹争宝剑寒。
远戍十年临的博，壮图万里战皋兰。
关河自古无穷事，谁料如今袖手看。

一一八六年二月，传来好消息，他又被重新起用，获任朝奉大夫、权知严州军州事。朝奉大夫是正五品，官阶晋一级，虽不能到前线去，总能为国尽力。陆游终于结束了六年乡居生活，这年陆游六十二岁。

他奉旨进京，住在西湖畔官舍，等待孝宗召见。唐宋时，城市房价昂贵，大多数朝廷高官和地方命官，皆租住宅，或住在家乡会馆，或租住僧舍。宋时，首都设立了官舍，供朝官本人居住，奉诏进京的官员也可进住。

这夜，春雨连绵，到晓方霁，屋檐下滴滴答答落水，小巷里小姑娘声声叫卖杏花，湿润的晨风里有花木香气和湖水气息。他推窗远望西湖，秀色怡人，烟波浩渺，几艘船在湖中漂动，似点缀景色，远山如黛，弥漫着缓缓浮动的雾气。屈指算来，这次来临安，距他首次在京任职已经过去二十三年，当年的故交、友人和同僚，多已凋零，有的远在他乡，杳如黄鹤，陆游不胜唏嘘。

在延和殿，孝宗召见陆游。

陆游揖拜后，孝宗曰："老臣体健如昨，甚感欣慰。"

陆游曰："鬓发如霜，臣亦老矣！承蒙圣上不弃，委以重任。"

孝宗问曰："六年乡居何为？"陆游答曰："读书、写诗、练剑，学老圃耕田，种菜、植草药尔。"

寒暄过后，孝宗问曰："老臣可有谏言？"陆游答曰："乡居有所思，非臣所当言。"孝宗曰："言者无罪，只管道来。"

陆游再拜，曰："臣闻，善观国者无他，唯公道行或否尔。"

陆游又说道："朝廷之体，责大臣宜详；郡县之政，治大姓宜详；赋敛之事，宜先富室；征税之事，宜核大商，这是为公、为平。愚见如有万一可采，望陛下采焉。"陆游这是主张富者多担，贫者少担，缩小两极分化。

陆游见孝宗颔首，接着他直言社会风气江河日下，说道：

“当下颓败之风浸染人心，炫耀、夸富、攀比、游玩、享乐之风遍及城乡。‘奢靡之始，危亡之渐’，当务之急是凝聚人心，扭转世风，提振人心士气，养而成之，毋使挫折，四海一心为国，上下同德抗金，国家才有希望。”

孝宗问道：“卿看边事如何？”

陆游答道：“自隆兴和议，金国内乱频仍，无暇南顾，至今二十年矣。然其言而无信，应趁眼下边陲晏然，缮修兵备，搜拔人才，明号令，信赏罚，强国强军，近可防其突然袭击，远可待机，一统社稷。十年可无战事，不可一日无战备。”

孝宗深知陆游一心为国，言道：“爱卿所言，朕已知之。此去严州，山水佳胜，公务之余，可赋诗歌咏自慰。卿笔力起落回转甚善，独具文采，他人不可及。”孝宗又对陆游说道：“你离京多年，可盘桓几日会友，再回山阴，七月到严州上任可也。”

陆游揖谢，趋而出宫。

京华盛景

晚间，陆游回味孝宗所言，嘱他赋诗歌咏，对他似无边防之用，亦未希冀他任上有何作为……当夜难以入睡，沉吟良久，提笔草书《临安春雨初霁》，遂成传世经典：

世味年来薄似纱，谁令骑马客京华？

小楼一夜听春雨，深巷明朝卖杏花。

矮纸斜行闲作草，晴窗细乳戏分茶。

素衣莫起风尘叹，犹及清明可到家。

次日逢休，陆游和老友、枢密院检详官兼太子侍读——名诗人杨万里，右司员外郎、名诗人尤袤，左司员外郎周元吉，少卿章德茂，到奉议郎张镃家里名冠江南的园林相聚。在其北园赏百花，饮酒赋诗，去南湖园赏海棠，泛舟湖上，长歌短吟，是文酒之会。后几日，陆游又和几位朋友游西湖，上天竺山，登灵隐寺，攀飞来峰，心情坦然、闲适。

又一旬日几人相约，便服去商市街。这是陆游二十三年重回杭州后第一次上街游览。只见街市繁荣，处处有茶坊、酒肆、面店、果子店、食米铺、鱼肉铺，店铺鳞次栉比。丝绸店人流穿行，织锦店摩肩接踵，西湖伞店、扇店，顾客盈门。百货店四海产品汇聚，杂货店、食品店五光十色，时遇西洋顾客，碧眼金发，男女并肩而行。陆游感叹："杭州已是万国大都会了。"周元吉告诉他杭州人口已超百万，各业有四百四十行。陆游说道："这茶楼、茶肆、茶铺、茶坊，成都街巷随处可见，可这杭州远比成都多，我来临安路上，乡镇到处有茶馆，茶艺盛行国中，非我所料。"杨万里说道："杭州变为大港口，万国中有五十多国与宋有贸易往来，商船云集，货场库房超万间，茶叶、丝绸、瓷器大量出洋。孝宗即位二十九年，清除秦桧之祸，渐改衰败之势，国家年总收入远非秦桧为相时可比。”杭州变化之大，着实让陆游心喜，不过也是一则以喜，一则以忧，众人说道，可惜只是偏安一隅，屈膝下的半壁江山半国人啊！如若中原不失，国家岂不更强？

品茶论文

归来，去诗人尤袤院中品茶，坐于高大的梧桐树下，夕阳西下，晚风习习。

周元吉在闲谈中问道："诸位，敢问这写杭州的诗词，哪首最好？"

众人纷说道："这诗词多似西湖荷花，各美其美。"

陆游说道："苏东坡两次来杭州任职，后任知州时，治理西湖淤塞，修三十里长堤，他的西湖诗不同凡响。"

尤袤说道："苏公的绝句《饮湖上初晴雨后》，至今百年犹新，堪称名冠今古之作：'水光潋滟晴方好，山色空蒙雨亦奇。欲把西湖比西子，淡妆浓抹总相宜。'"

陆游说道："廷秀（杨万里字）晓出净慈寺送林子方归来所写绝句，与苏公各有千秋：'毕竟西湖六月中，风光不与四时同。接天莲叶无穷碧，映日荷花别样红。'这是美意巧思，宛若大写意。若说词嘛……"众人公举白居易的《忆江南》，杨万里背诵道：

江南好，风景旧曾谙。日出江花红胜火，春来江水绿如蓝。能不忆江南？

江南忆，最忆是杭州。山寺月中寻桂子，郡亭枕上看潮头。何日更重游？

周元吉说道：“乐天（白居易字），任杭州刺史三年，兴水利，修湖堤，留得一湖水，惠及民生，至今三百六十年，诗在、堤在，英名长在。这词是白居易内心之思，美啊。”

陆游说道：“先贤文学有成，是有一眼、一心、一骨、一功。”

章德茂问道：“陆公何所谓？”

陆游答道：“一有从政的深厚阅历，广见识，方有望穿人间的好眼力；二有丰富的经历，远跨一隅，熟知百业，方有真学识，不失悯民之心；三有胸襟气度和风骨；四有长修久炼的文字之功。”

众人说道：“然也。当传予后生，各领风骚。”

当晚众人谈诗论文，小酌助兴，兴尽而归。

几日后，陆游回山阴，一见乡下旧颜，乡民几多贫困，仿佛另一世界，遂有天上人间之叹，内心不快，颇有“念天地之悠悠，独怆然而泣下”之痛。

拾捌

纵论大势

七月到严州赴任。严州（今浙江省建德、淳安、桐庐三地）是一大州，山明水秀，风光宜人。一百四十多年前，陆游的曾祖父陆轸，曾任严州知州。其人性质直，不从俗，爱民，颇有政声，今陆游沿先人足迹而来，自有亲切感。

任满还乡

他公务繁忙，诉讼案子很多，“讼氓满庭闹如市”，公事文件“围坐高于城”。他夙兴夜寐，精心办理，诉讼者得其公断，诸般事务井然有序。

他到任当年，夏季大旱。他火速奏请救济山郡瘠土之民，送粮上山。在灾区要路，设有粥棚，接济流民。组织安济坊、居老院、施药局、和剂局、惠民局等救助灾区病人和老者。减免了灾区税赋。几场大雨过后，陆游带衙役巡行灾区，扶贫解困，打击抬高粮价者，抓捕欺诈灾民的地痞无赖，维护社会治安，早出晚归，百姓皆识。

秋季，风调雨顺，农田作物丰收。一一八七年，严州六县又获丰收，百姓安居，无流徙人户，陆游政声在野，有口皆碑。平日里陆游忙于公事，无暇读书。这年除夕，他休公假两日，闭门读书，写一绝句，披露心境："官身常欠读书债，禄米不供沽酒资。剩喜今朝寂无事，焚香闲看玉溪诗。"

这时，门人郑师尹协助他，审定自编的《剑南诗稿》，共两千五百多首。他反复诵读、比较，先淘汰十分之九，又精选三分之一，只选九十八首，付梓刊印。

一一八八年，陆游任满，他上书孝宗，按惯例，请求离职还乡，授予道观祠禄。孝宗照准。陆游七月还乡，在路上，他住驿站蓬莱馆，听雨声阵阵，戍角吹寒，想到自己已到残年，再遇合圣上，重回朝廷任职，怕是不可能了，不免伤感。他夜不能寐，在《寓蓬莱馆》一诗中写道：

古驿萧萧独依栏，角声催晚雨催寒。
残年遇合应无日，犹说新丰强自宽。

成事者周必大

出乎预料，孝宗还想用他。十月，孝宗下诏问丞相周必大："如果任陆游为郎中，是否会有不同意见？如恐或有议论，且任少监如何？”孝宗胸有成竹，却征询于周必大，是要听取真实之言。

周必大，其人纯笃忠厚，少时，父死，鞠于母家，母亲督课之。一一五一年，进士及第，任地方官。高宗读其献策，十分赞赏，调入朝廷，渐升要职。高宗说他“不迎和，无附丽，忧国之忧，痛民之痛”。一日，高宗下诏，问国政之得失。周必大上条陈直言曰：“陛下练兵，以图恢复，而数次更换主将，是用将之道不稳；择人以守郡国，而频繁更换郡守，是难尽其责。婺州四年换五任，平江四年换四任，而秀州一年竟换四任，吏治无可察考，百姓疾苦何由可除！”周必大实言逆耳，高宗不以为逆。又一次，高宗欲上球场蹴鞠，周必大轻声劝说道：“仇耻未雪，不该逸乐。上好此道，下必甚焉。请陛下慎行。”高宗驻足不语，片刻点头，转身而回。高宗禅让时，对孝宗言，周必大德高有文，忠心耿耿，足可信赖。

孝宗即位后，视周必大为肱股之臣，随侍左右。周必大在反腐、监督、去弊、储才、强军、兴农、恤民等方面多有建言，皆发公论，人誉之为忠臣、贤相。今周必大听孝宗言，回奏道：“臣近来与二参商议，只是议论陆游任满多日，没有探究如何差遣。陛下爱怜其才，想任其为郎中，臣曾奏知，不如降格先任其奏事。近来众论说可任闲职之类，这也足以可示陛下不弃人才之意。如后有烦言，非臣能预见。假若只放其外任，也无不可。圣意若留陆游在朝廷任少监，偶有李祥即将任满致仕，可顺势令陆游补缺。”孝宗说：“补缺，任军器少监。”

这是陆游二十七年后重回朝廷任职。

这军器监，是军队命脉所在，负责武器装备的生产、调拨和修缮，下辖火药作、猛火油作、青窑作、火作等十一个大作坊，是军工生产企业。从北宋起，已能生产弓火箭、霹雳炮、皮火炮、蒺藜炮、震天雷等那个时代先进的武器，威力在当时令人咋舌。震天雷，以竹筒为炮管，放射后如黑旋风。打中目标后爆炸，半亩之内铁甲全透，牛马粉身碎骨，俗语言："神仙难躲一溜烟。"作坊共有各类匠人四万多。

陆游多年离朝复来，自嘱东隅已逝，桑榆非晚，当怀白首之心，多做强军之事。他到任后，一一到各个作坊监察督办，他看到以竹为管的长火枪，对匠人说，若是以铁为管，将来必然代替弓箭，是攻守兼备的利器，可以改变战场形势。他对匠人说，能工巧匠要钻研技艺，要做社稷的大工匠。陆游和各大作坊长官常做深谈，嘱咐他们要精研利器，他说道："工欲善其事，必先利其器。"他说："孙子兵法中的火攻有五种，是人力放火攻敌。那是旧战所依，到而今，中国火药兵器隔山打击，长火枪远处射击，军器大进，尔等不可固步不前，要精研精制，机巧胜人。"

众说孝宗功过

一一九〇年，陆游六十六岁。这年，孝宗禅让，退位，为太上皇，光宗即位。

众官朝拜后，出宫。陆游与周必大几位知己，甚感惋惜。

周必大言道："孝宗是有为之君，惜乎生不逢时！"

陆游说道："孝宗在位二十九年，独撑危局。秦桧之奸，贻害到今，朝中几无可用之将，帷幄难有忠国谋臣，孝宗深谋远虑，力挽危局，心劳力瘁。"

杨万里说道："孝宗重经济，恤民生，轻徭薄赋，兴水利，禁围湖，修塘堤，废杂捐，已尽力而为。今日国力，竟能在兵连祸结中见强，孝宗之功也。"

周必大说道："他接高宗之位，拨乱反正，两年见效，实非凡君可为。他慎选吏，严治吏，究贪官，去庸吏，振弊起衰，得有困境之兴。"

陆游说道："孝宗是为宋代圣君，功不可没。然人心不齐，再兴难也；降与战并存于朝，此消彼长，力难聚也。但愿光宗承孝宗之志，进而勿退，解此两端。"

陆游的两句话，还是留了余地。他又说道："廷秀（杨万里字）给孝宗上《转对札子》，在札中点出，这些年赋税之重远超前朝，粟在一倍以上，帛在五倍以上，钱是数倍。豪强凭权势兼并土地，'阡陌相望，而多无税之田'，他们把赋税以各种名义转嫁给农民。州县催赋税'急如星火'，农民蚕丝未生，已督供输；禾谷未秀，已摧装发，不能按期完成，则被投入监狱。"陆游说这札子是剖心之言。杨万里说道："这札子，亏你还记得！"陆游说道："灾年，农民抗租、抗税，抢仓、抢粮，不去为盗，安能活命？南迁以来，农民造反未断，聚啸山林，流窜各地，先是钟相、杨幺，又有范汝；十年后有管天下、何白旗；二十年后又有李金，前几年有陈峒、邝深，哪场造反不是两三年？”周必大言道：“陆公所言甚是，重赋苛税不减，民心可覆舟；贪腐不治，恶吏必害国。孝宗时有鞭长未及之忧，理乱犹多未竟之事。”众人言来，皆曰治国不易，孝宗功大于过，来日却待光宗。

这年，陆游升任礼部郎中，兼实录院检讨官，是居尚书、侍郎之后的高级官吏，提出者是孝宗。未几，周必大为朝廷计，建议任陆游为中书舍人，此职是皇帝身边重臣，孝宗默然，不准。

“腐败不除，危及后世”

光宗即位，陆游几次上札言事。

他在札中，力主缮修兵备，搜拔人才，坚持恢复中原大策。对吏治，多有谏言，他说岳少保言，“武官不怕死，文官不爱财”，其言乃为金玉。金兵进犯中原，兵不如我众，器不如我坚，国不如我富，在万国中，我大宋财富高居首位，每岁收入，各国望尘莫及，然我大宋何以退居江南？此无他，军心不齐、民心涣散，腐败所致也。武官怕死，文官爱钱，大敌当前，临阵带兵降敌者有之，率部脱逃者有之，及战则溃不成军，或不战而退。朝中高官，是战是降两意相左，主降者为私欲而上下其手，祸国殃民。

陆游札中说：“当朝，圣上英明，三十年国力由衰转盛，北来的百万逃民已立业，或叠梯田，或开荒地，或围湖滩造田，或改旱田种稻，优良稻种已达五十余种，栽接剥治，各有其法。或在城中百业为工，生产发展，商业繁荣，海外贸易联通五十余国。”他说，“当务之急当治腐败，有腐败亡国者，殷鉴不远；治腐败兴国者多矣，治腐败而亡国者，从三皇五帝到如今，未之闻也。腐败不除，危及后世，经济强盛，付之东流。”

一次光宗召见，问其头续纷繁，其意如何，陆游答曰：“治腐必治吏，从重臣始。治腐必救民，要轻民赋，减负担，普降皇恩，民心归顺。”他说，“世风可忧，圣上当慎独，多思，厉行节俭，振衰起弊，激浊扬清，一扫奢华之风、颓败之气和靡靡之音，养吾浩然正气，长我民族志气。依法行之，以德论之，以阳刚之气导之，重整河山，恢复中原，积以时日，待机可为。”光宗面有喜色，言道：“卿乃国之干城，所言甚善。”

庙堂风云

怎奈庙堂风云多变。一一九一年五月，丞相周必大被免职。十一月，陆游又被罢官。原来皆为谏议大夫何澹所为。何澹，美姿容，善谈论，少年取功名，急于荣进，阿附权奸，斥逐善类。初入仕途，为周必大看重，周必大推荐其为学官，只因两年未升迁，是丞相留正力荐，奏迁之，他便对周必大心生暗火。待他官居谏长，则以怨报德，他弹劾的第一个人，便是周必大，周必大遂遭策免。设台谏之职，本是周必大奏请，孝宗采纳，周必大却受诬于何澹，周必大感叹：“世事不可预料至此，为人难亦哉。”

一日，何澹与友人刘光祖谈及此事，刘光祖说道："周丞相德、才、能俱佳，孝宗谓其刚正，不迎合，不附丽。论政为国，出谋划策，议论精洽。他权兼兵部侍郎，奏请圣上要重侍从，以储将；增台谏，以广耳目；择监司、郡守，以补郎官，作为后备，做长治久安之谋。秦桧忌刻，驱逐人才，流弊至今，不除不可。周必大倡议，'储备文武人才于和平之时，是为后世谋。'你怎可弹劾他？"

刘光祖又苦心规劝道："周必大历任朝中各要职，其门多佳士，万不可牵扯他所推荐的人才，更不该以个人好恶待人。"何澹本是气量狭小之人，又无才识，心怀妒忌，他听不进好言相劝。在官房，他对人说道："陆游的诗有甚佳处？有人说其诗是经典，佳评不足信，依我之见，是嘲咏风月，刊刻个人专集不足观，小技而已。"随后，他弹劾陆游"其前后屡遭白简，所至有污秽之迹"，攻其"嘲咏风月"，趁势又鼓动别人弹劾，一时"主和"派借题发挥，群起而攻之，众言沸沸。光宗与孝宗忌惮人言，不得不同意罢免陆游，然从此事也知何澹心术，不可久用。这是陆游第四次被罢官，不由仰天长叹："悠悠苍天，此何人哉！"周必大感慨更深，叹曰："识人有误，反遭其害，史上多矣。君子坦荡荡，小人长戚戚。识此类人，难矣！"杨万里对陆游说道："谗言三进，慈母不亲。谗言如浪深，为害甚烈。知人知面难知心，不能防也。"后来何澹投入韩侂胄门下，升至枢密院高官，主伪党之禁，众多贤士遭难，害人甚多。

拾玖

幽思难忘

陆游罢官后，回到山阴。

他对“嘲咏风月”的罪名嗤之以鼻。十年前，他自号“放翁”，这回他索性将小轩命名为“风月轩”，言下之意，这是“嘲咏风月”之室，如之奈何？他在诗中写道：“扁舟又向镜中行，小草清诗取次成。放逐尚非余子比，清风明月入台评。”所谓“嘲咏风月”是借口，他认为真实原因是投降派容不得他。

朱熹作为旁观者，认为非仅此一端，他认为陆游“笔力精健，能太高，或为有力者所牵挽”，“当路有忌之者”，这不失为一个原因。“木秀于林，风必吹之；行高于众，人必非之。”朱熹认为门户之见，同行相嫉，势所难免，但本初还在政见，在抗与降之争。

“公卿有党排宗泽”

陆游内心是痛苦的。他登会稽山，访大禹祠，放舟镜湖，家乡的山光水色虽好，却难解他心中的纠结和无边的忧思。

一次，他遇到了一位经常在淮水两边穿行的商贩，听他讲述沦陷区的惨状，他痛心疾首，他悲悯沦陷区的人民，有时寝食不安。深秋的一天夜里，他辗转反侧，天将晓，他走出居室，推开篱笆门，凉风迎面，他写下了《秋夜将晓，出篱门迎凉有感》一诗，他歌咏雄伟壮丽的河山，表达中原人民的强烈期盼与泪水中的痛苦失望，发出对社稷的呼喊：

三万里河东入海，五千仞岳上摩天。
遗民泪尽胡尘里，南望王师又一年。

他夜读范成大出使金国的日记《揽辔录》，看到中原沦陷区人民长跪迎汉使，告诉当地人说：“此中华佛国人也！”他读书中范成大的《州桥》一诗：

州桥南北是天街，父老年年等驾回。
忍泪失声询使者，几时真有六军来？

他落泪了。山河破碎，中原尽失，当地人民生活艰难，备受欺凌，犹称中华为佛国，以此为荣，盼望发兵六军来，重回祖国怀抱。南宋近三十年的发展，是在丧失一半领土，年年纳贡、送金交银的屈辱条件下的畸形伤残国家！他反复读此诗，由哀而悲，由悲而愤。他情动于中，想到投降派迫害抗战将领的恶行，发出郁积心底的呐喊，倾诉对中原父老的深刻理解与悲悯同情：

公卿有党排宗泽，帷幄无人用岳飞。
遗老不应知此恨，亦逢汉节解沾衣。

——《夜读有感》

陆游放下笔，对灯而思。想到先父陆宰一生盼恢复，常向他讲起宗泽的事迹，也是眼含泪水，悲愤难抑。陆宰说，金兵第一次攻破汴京时，洗劫一空，京城残破不堪。宗泽是当年抵抗金兵二次南下时的老将军，任为东京留守兼开封府引时，指挥部设在一座破庙里，其年已六十九岁。他看到各路“勤王”官兵，良莠不齐，不可一战。他派人四处联络，团结各路义军首领，联合开封附近主要义军一百八十万人。划定守城区域，又在城外建起二十四个堡垒，每垒守军数万人，保卫开封外围。沿黄河南岸十三县，建起连珠寨，层层布防，状似鱼鳞。城内处死一批勾结敌军的汉奸、恶棍，打击哄抢和高抬物价者，恢复正常社会秩序。

一一二八年，金兵分三路再次大规模南下，只因开封固若金汤，金兵夹击，久攻不下，曾一度退守，金兵听宗泽之名，望而生畏，称他为“宗爷爷”。宗泽全面部署，准备渡河，收复失地。他连续二十多次上书高宗，请他还都汴京，安定民心，振奋士气。逃到扬州的高宗和宰相黄潜善、汪伯彦等投降派，不予理睬，反而对宗泽生疑，派副留守监视他，宗泽眼见收复中原胜券在握，却坐失良机，必留千古之恨。他忧愤成疾，疽发于背，于六月病倒，一病不起。一一二八年七月初的一天，宗泽死前连呼三声“渡河”！他死不瞑目，悲愤壮烈！部旅和义军举白幡送葬，逶迤十里，哭声不绝。宗泽死后不久，汴京再次陷落。

困境难销男儿志

转瞬八十年，往事如昨，陆游感慨系之，浩叹连声。

他忧国忧民，常常陷入精神困境。他的生活也不尽意。他为官大半生，东奔西走，从不谋取个人私利，“忧民怀凛凛，谋己耻营营。”他“出仕三十年，不殖一金产”，他“士宦遍四方，每出归愈贫”。时有“食且不继之忧”、断炊之虞，常以山野菜为主食。

一一九六年，一日早晨，陆游推开门，只见大雪纷飞，树枝结冰，山风透骨，他不由倒吸一口冷气，进得屋来，忧患有感而发。他长吟《寒夜歌》，慨叹身世：“陆子七十犹穷人，空山度此冰雪晨。既不能挺长剑以抉九天之云，又不能持斗魁以回万物之春。食不足以活妻子，化不足以行乡邻。忍饥读书忽白首，行歌拾穗将终身……”

陆游贫病交加，生活捉襟见肘，状态堪忧，他自言“耸髆成山瘦”。不过他心里一直放不下的仍是为祖国统一效力。一天，风雨大作，镜湖波翻浪涌。夜里风声、雨声、水声，声声翻腾，声震屋宇，他久久不能入睡，心潮起伏。夜色将尽，陆游恍惚睡去，外面风雨时急时缓，当年南郑的战斗生活竟又入梦，醒来他写诗一首：

僵卧孤村不自哀，尚思为国戍轮台。
夜阑卧听风吹雨，铁马冰河入梦来。

——《十一月四日风雨大作》

次日，山村寂静，陆游思绪万千。入夜，窗间月色苍凉，梅影孤寒，几声雁叫长空，颇有几分空旷凄凉。陆游夜不成眠，他想到，这一代人已老，统一中国时不我待，若延宕无时，统一尤难，他在《十一月五日夜半偶作》中写道：

草径江村人迹绝，白头卧病一书生。
窗间月出见梅影，枕上酒醒闻雁声。
寂寞已甘千古笑，驰驱犹望两河平。
后生谁记当年事，泪溅龙床请北征。

幽思难忘，也有排解之时。当年，搬进西宅后，他和几个儿子在窗前做假山，先植兰花、玉簪，后又植入香百合。在舍东开出一亩隙地，种些花草树木、瓜果菜蔬。小园附近，有小溪潺潺。一年里，柳下风来，花随四季，晨鸟飞鸣，暮钟悠远。缘溪而行，村树林烟，也有钓鱼好去处。一寸二寸之鱼，三竿两竿之竹，四野无声，情趣心生。他亦常到小园去劳作和休息，忘却烦恼，自得小园之乐。他写《小园》：

小园烟草接邻家，桑柘阴阴一径斜，
卧读陶诗未终卷，又乘微雨去锄瓜。

历尽危机歇尽狂，残年惟有付耕桑，
麦秋天气朝朝变，蚕月人家处处忙。

村南村北鹁鸪声，水刺新秧漫漫平，
行遍天涯千万里，却从邻父学春耕。

贰拾

高龄入朝

山阴农村历来有文化娱乐活动的传统，一年四季按时令，活动多样，人们称各种表演为“作场”。平时最常有的是说唱故事。陆游性本乐乡、乐土、乐群，他常常来听说唱，看表演，他喜欢这活动的乡土气和令人深思的故事。他的诗《小舟游近村舍舟步归》描绘了这乡民喜闻乐见的场景：

斜阳古柳赵家庄，负鼓盲翁正作场。
身后是非谁管得？满村听说蔡中郎。

那天，盲翁演唱的机智幽默，绘声绘色，令陆游和乡民们捧腹大笑。故事是野史稗说，虽说故事中的蔡中郎蔡邕，并无弃妻为牛相国赘婿之事，但在演绎中演唱的却是人们追求的道德坚守，唾弃的是背信弃义。陆游和乡民的喜怒哀乐同出一心，乡民对他也视同家人。

情谊绵长

他学广望隆，喜交友，乡里乡外的朋友颇多，远方之友诗书往返，近处时有会面。东阳郭希吕、吕子益，不顾路远天寒，年年腊月送酒来。酷暑，叶正则馈赠去暑菜蔬，鲜嫩爽口。“老学庵”中，有张季长、张仲钦赠送的剑砚，有阳刚之气。壁间所挂的鹊、猿、木、水、石等画轴，意象多姿，笔势灵动，是好友唐希雅、易元吉、廉宣仲、王仲信等人的得意之作。王夫人七十一岁逝世后，朱熹多有慰问，或书或文四季不断，也曾寄赠纸被，关怀有加。宋代造纸业和印刷业发达，废纸多，加工后做被絮，冬暖夏凉，流行于城乡，陆游有诗写道“醉则拥纸衾”。

陆游与民间的友人，无贵贱之别、等级之分，他关心不同人的命运，展现的是人间悲悯之心。他有位友人陈翁，以卖花为业，豪放不羁，得钱悉数用于酒资。不独饮，呼朋唤友，逢人便强邀共醉，视乡人皆为酒友。有一日，陆游过其门，呼而不应，只见败屋一间，环睹萧然，妻子有疾，破衣烂衫，而此翁正大醉而睡，唤而不醒。陆游执其手抚其额，苦笑称其“醉翁”“隐士”，心有隐忧：“饮酒入魔，其寿必损，奈何？”过两日，天有雨，陆游又来，恰逢醉翁外出。陆游对其妻子说：“送尔五服药，一日两饮，疾可去。”其妻见陆游袍衫皆湿，双脚泥泞，感激泪下。陆游又从怀中掏出银两，嘱其妻曰：“可设茶棚为生，勿做尔翁酒资。”归去路遇陈翁，告之。陈翁执其手呜咽而言："我当戒酒，不负陆公之心。"

又一饶姓友人，早有大志，屡试不中，纵酒自晦，或数日不醒。醉时往往登屋危坐，浩歌恸哭，达旦乃下。日久，友人远之。一次，醉落汴水，遇客舟得救。陆游听闻，奔赴劝慰，曰："噫，不得机缘，何来如此？"饶公曰："酒中之乐。"陆游曰："自当珍重，岂可自弃？"饶公曰："知我者唯陆公耳。"后，饶公死于酒，死前乃曰："陆公善待我也。"

陆游有时随兴而游，最远处曾去府西南七十里娥避山。此山山路危甚，人迹罕至，陆游找村里采药老人，此采药老人实则是陆游小弟年龄。请其引登绝顶，一路行来你一言我一语，似多年故交。至秦始皇刻石，那刻石高一丈四尺，是秦始皇登会稽山，祭大禹祠后所立，刻石纪秦功。石上刻字，经千年风雨，漫灭不辨。南望大海，波浪滔滔，海天一线。这娥避山，是当年越王居会稽，宫娥避居在此。陆游读史，知时人称此山为"鹅鼻山"，乃音同字误，不知其义，以讹传讹，多年后，必以误为正也。采药老人手遮额头，遥指大海说道："大海无边，秦始皇功盖中国。"陆游说道："席卷天下，包举宇内，囊括四海，吞并八荒，秦氏之雄也！车同轨，书同文，统一度量衡，实行郡县制，乃万古之功！"采药老人说道："二世而亡，何其速也？"陆游说道："天道人心，灭秦者，非六国也，乃秦也。北宋灭，北宋也。五十年后，南宋不可知也……"采药老人说道："民也，君也；君也，民也，谁管得？"陆游转换话题，问道："何以采药为生？"老人答曰："家亦曾有薄田，吾亦曾入塾读书。豪门围湖造田，吾家田舍皆无，乃至此。”陆游问道：“温饱乎？”老人答曰：“残杯与冷炙，处处潜悲辛！”

“此是君王第一功”

几年后，陆游又令儿子们修路到北山脚，开出路旁隙地，插竹为篱，名其“东篱”，植四季花木，青枝绿叶，鸟语花香，又是个近在咫尺的好去处。

六月，舍东小园洒满阳光，梅树疏枝横斜，桃树绿叶披拂，杜鹃绽放，白玉兰香气沁人，几只长尾鸠穿过林间，画眉鸟窜过枝头飞去，园里生机勃发。

一日，陆游正在园中散步，六子子聿进得园来，手举一信，言道绍兴知府有信来，陆游接过，看信后微微一笑，对子聿说：“知府事有先闻，似言贺，然有何事可贺？”不几日诏书下，陆游又得起用，获任中大夫、直华文阁，提举佑神观，兼实录院同修撰、兼同修国史。这五个头衔，前两项为官阶，中一项为领俸禄所在，后两项为实职和工作：修史，修孝宗、光宗史和本朝圣政录。陆游有其欣慰之处，他已七十八岁，圣上还想着他，欣赏他的一支笔，而且宁宗视其年事已高，特许免朝贺，免除上朝奔波之劳。不过，他想到首次任职修史，不几日便免职了，延宕至今，十年有余，心有不快。

朝廷命陆游修史，当年只因有政见不合者，暗中力阻，也有嫉之者掣肘，陆游又有致仕之请，故而作罢。朱熹认为“放翁老笔犹健，在今当推为第一流”，任其修史，无人出其右。岁月如流，人事变化，宁宗方下诏，命其赴京总其成，继修多年未成之史。苏泂、杜仲高等多人闻讯，不知陆游心情，先后写诗贺之。诗人苏泂认为陆游是最合宜的人选，他说“先生天下名，有耳谁不知？”“堂堂孝庙史，当代谁宜为？二十八年间，凡事公见之。”文士杜仲高既赞陆游的文才，又赞皇帝选人之功：“四海文章陆放翁”，“此是君王第一功”。

十四日，盛暑天气，赤日炎炎，陆游到临安，住西湖畔官宅六舍。陆游于次日依礼上札谢恩，言道：“臣乞身累年，忽蒙圣恩，起之山泽之间，使与闻大典，既不累以他职，又特宽其朝谒，责委之意，可谓重矣。”表示忠于职守，不负圣恩。他在《开局》诗中写道：“谁令归踏京尘路，又见新开史局时。”

这次赴京任职，他是三朝旧吏，却不见老臣故交，挚友周必大、范成大、朱熹等先后谢世。几日后探访民间旧友，仅卖卜为生的洞微山人无恙，亦不甚老。话旧情深，言及旧友，不胜感慨。别时山人挥泪。一日，陆游去探访西湖畔小僧了文。他想，小僧了文年轻，理当尚在。孰料了文亦下世。其弟子捧出遗像，乃一老僧，面目皆非，不复当年气象。陆游感叹：“今若复见其人，亦不相识，哀哉！”他心有悲戚。新贵则视其为路人，见而漠然。陆游视今顾往，久历磨难，焉能不有沧桑之感？然在山阴，英彦新知与他多有往还，他的《杂兴》诗中，有多首状写个中况味：“出仕五十年，危不以谗死。”“老来多新知，英彦终可喜。岂以二三君，遂疑天下士！”未死于谗言，老来又多新知，这使陆游的精神颇得慰藉。

“五月出长安”

陆游回朝修史，堪当重任。他于史多有独见，他写《南唐史》，遍览《旧五代史》《新五代史》等十多种不同人撰写的著作，搜求史实，爬梳剔抉，呕心沥血，体例创新，辨误、补失详尽，史评独树一帜，可谓扛鼎之作。孝宗、光宗、宁宗皆赞赏，朝野有识之士，无不感其立论公允，史料可信，文采光昌流利。此次奉诏修本朝史，无人敢置喙而言不字。对陆游而言，此次修史笔下有神，意到笔到，十分惬意。七子子聿随侍在侧，孝心备至。有四子在外为吏，是蒙祖荫，朝廷依制先后授予。虽皆为下属之吏，知者云，其子乃父之风传焉。

十二月，任其兼秘书监。转年，一二〇三年正月，又进职宝谟阁待制，皇恩有加。

公余闲时，偶与史官三五出游，放舟西湖，得山水之趣。见西湖游人，大异以往，络绎不绝，摩肩接踵，人头攒动，至暮不绝。公子王孙、五陵年少，前呼后应，身着华彩，炫耀富丽。至如贫者亦多见，携妻挽子，竟日嬉游，不醉不归。史官告诉陆游，贫者游西湖，是“解质借兑”（类似贷款）。他又说道：“临安有‘三十六条花柳巷，七十二座管弦城’，世风沦落，桑间濮道淫靡之风甚矣，足可忧也。”陆游听后，长叹一声，说道："闲时游玩，人皆有其性。过矣，则玩物丧志。至于烟花柳巷，浸润民心，消磨心志，败坏民风，乃至于国魂尽失，南唐足以为训。"几位史官亦有同感，点头长叹。

一二〇四年正月，完成《孝宗实录》五百卷、《光宗实录》一百卷，陆游呈请还乡，得准，官升一级，从四品。

五月十四日，陆游出都还乡，别有一番滋味。修史固宜，却难免有持论之争，不同之见，固执之言，且屡有无识之谬，陆游时有烦意。尤令陆游不快者，下属史臣、笔吏，优劣并存，常有匆遽抄录，甚者竟委小吏代之，纰漏、讹误互见。陆游忧吏治、吏风，吏治不彰，焉能长治久安？遑论恢复中原？陆游为之忧心忡忡。在朝时，他曾几次上札言事，论及腐败与吏治隐患不除，祸及国家生死存亡。他早已自思，年事已高，不如归去。而今，已踏上归程，"人生快意事，五月出长安"。从此，又可见风林烟草，村童牧牛，听乡音越语，快慰心怀。沿途正是江南五月，山岚出岫，水绕垄亩，几声布谷叫，十里快哉风，陆游长啸一声，吟唱起陶渊明的"归去来兮……"

贰拾壹

长剑壮别

初秋，万里无云，小园乌桕微丹，菊花渐开。陆游兴致勃勃，诗情快如并州（今山西省晋元县）剪刀，剪得秋光入诗，陆游吟出绝句一首，名为《秋思》：

乌桕微丹菊渐开，天高风送雁声哀。
诗情也似并刀快，剪得秋光入卷来。

不速之客

陆游挥毫写就，忽听外面有人喊道："辛知府到！"

"啊？辛知府？"陆游放下笔，未及整衣迎出，来人高声呼道："放翁兄，久违了！"

"啊？稼轩（辛弃疾号）弟！"陆游没想到多年不见的辛弃疾，忽然出现在眼前！连声说道："请坐，请坐。"忙唤上茶。

随从诸人退下，两人茶叙。

陆游问道："贤弟何来此地？"

辛弃疾答道："承蒙圣恩，授绍兴知府兼浙东安抚使。昨日到任，今来府上拜访。"

陆游扬眉笑道："弟乃国之栋梁，早当善用。"陆游呷口茶，敛容蹙眉又说道："当年弃之如敝屣，洪钟毁弃，瓦釜雷鸣……"

辛弃疾摇手又轻击桌案，轻声长叹。这辛弃疾是山东济南人，有才名，有韬略，文武兼备，能攻善战。一一六一年，他二十二岁时，组织两千多人，在济南山区起义，投入耿京义军抗金。他曾自限三天，追捕逃走的叛徒义端；也曾带五十名士兵，长驱直入，冒险闯入敌营，抓回叛徒张安国。一一六二年，他率军万余人投奔南宋，本为社稷而来，却未得重用。

两人长谈竟夕。晚间小酌，从南北大势，谈及朝廷，又论诗词歌赋，剪烛夜话，竟不知东方之既白。

原来陆游与辛弃疾是多年朋友，志同道合，亦是忘年交，陆游长辛弃疾十五岁，却不以年长自居。他多年前，对几个儿子讲起辛弃疾，满怀钦羡。子虡、子龙、子修闻听后，视为一代英杰。

这辛弃疾少年既学文又习武，性豪爽，尚气节，为官后识拔英俊不遗余力，所交多海内知名正直之士。他爱国悯民，忠心耿耿，力主抗战，志在统一，奔走呼号五十年。一一六八年，孝忠召其至延和殿对策，他纵论南北形势，及三国、晋、汉用人之得失，持论劲直，不为迎和。后又作《九议》《应论》两篇和《美芹十论》献于朝。言逆顺之理、金宋消长之势、技之长短、地之要害，甚备。他治理地方，宽征薄赋，招流散，教民兵，议屯田，井邑由凋敝而恢复，政绩卓然，甚得民心。

他任大理卿时，同僚吴交如病逝，家贫竟无棺木可入殓。辛弃疾叹曰："身为列卿而贫若此，是廉介之士也！"他视同兄弟，慷慨解囊，备棺木，哭而葬之。

他与陆游同为名重南宋的大诗人。他的词雄健豪放，铿锵激荡，读来令人心潮澎湃，不能自已，达到了高迈难超的境界。

陆游与辛弃疾同声相应，同气相求。陆游屈指算来，辛弃疾自福州任上，被投降派弹劾，诬陷罢官，已在家乡上饶、铅山闲居十年。

自一一九四年孝宗逝世，朝廷风云突变，韩侂胄乘机而起，大权独揽，骄横跋扈，排斥异己，陷害忠良，构陷禁案。后迫于朝野压力，一二〇二年，解除禁令，受其害者计五十九人方得解脱，其首要朱熹已死去。韩侂胄急于树立个人威名，筹划北伐，起用抗战人物，辛弃疾即在此例。言及此，陆游说道："'诸葛一生唯谨慎，吕端大事不糊涂。'韩之人品固不足为信，筹划北伐，乃兴亡之大事，我等不计其旧恶，助其北伐，是为社稷而不为私也。"辛弃疾皱眉摇头曰："只怕人们误解。"陆游说道："定有误解，但谁没有委屈呢？"

"修我戈矛，与子同仇"

辛弃疾公务繁忙，却不时来三山探访陆游。

一日，他和陆游登山观水，边走边谈，言而无尽。在山上，辛弃疾回转身，遥望陆游家宅，久久不语，若有所思，陆游问道：“幼安（辛弃疾字）何所思？”辛弃疾目视陆游，陆游说道：“但说无妨。”辛弃疾说道：“尊兄住宅残旧，夏难遮雨，冬不避风，我要为兄造屋修园，所费资用，概由弟担，吾力可行也。”

陆游听后连连摇头，摆手言道：“行不得也，行不得也！吾儿子已在外为官，略有薄俸，吾不孤也。卿后必担大任，所用之处多矣！若有所余，可庇寒士，济人才，则我心足矣！”

一二〇六年，宁宗诏见辛弃疾。他行前来向陆游辞行。陆游百感交集，说道：“吾老矣，不能送行。今备薄酒，以壮行色！”辛弃疾曰：“善！”席间，陆游叮嘱辛弃疾，一旦受命北伐，当不计往昔恩怨，振长缨，复中原，雪国耻。辛弃疾言道：“未来难料，风云未卜。一旦如兄所言，吾当义无反顾，酬壮志，补天裂，兴我堂堂中国！”

言犹未尽，已近暮色。镜湖涛声阵阵，山风呜咽，残阳如血。陆游草书长歌送稼轩，诗中有言“古来立事戒轻发”，嘱辛弃疾奏圣上，北伐必行，却不可急功，须筹谋全局，谋定而后动，万不可轻易发兵。陆游对辛弃疾说道：“依我看来，不可速决，金虽颓势渐显，我方谋定尚需五年，尔后方可用兵。”辛弃疾听来，觉得陆游似过虑，不便接言。

月上东山，繁星闪耀，树影铺地。远山耸立天边，黑黝黝的山影似连天怒涛，奔涌远去，格外雄壮神秘。陆游挟剑和辛弃疾一同走到月下，陆游曰：“如此良夜，且听我为君歌。”辛弃疾曰：“歌大江东去。”陆游歌罢，辛弃疾吟唱岳飞的《满江红》，他的声音由低而高，仰天长啸，声振四野，夜鸟高飞。陆游曰："怒发冲冠，壮怀激烈。"陆游手握长剑，做一起式，静如处子，忽地，剑光闪闪，风生水起，忽而如哪吒探海，忽而似蛟龙出水，忽而若鹰击长空，忽而仿佛猛虎下山。长剑银光闪烁，威风八面。陆游舞而歌曰：

醉里挑灯看剑，梦回吹角连营。

八百里分麾下炙，五十弦翻塞外声，

辛弃疾和而歌：沙场秋点兵！

陆游所歌，正是辛弃疾的经典名篇《破阵子》。这首词大气磅礴，豪气冲天，早已流传大江南北，激人壮志，涤荡情怀。

为歌声吸引，几家乡邻已在自家院中驻足而听，也在击节而轻声和之，歌曰：

马作的卢飞快，弓如霹雳弦惊。

了却君王天下事，赢得生前身后名。

不知谁家子，改唱最后一句"可怜白发生"，抢先唱为："长剑送豪英！"山阴，真不愧是诗书之乡、文风鼎盛之地，人们出口成章。

陆游汗水涔涔，辛弃疾递上汗巾，陆游擦干脸上汗水，挥手向上，剑指北斗，说道："稼轩，此去风云万里，盼尺书常寄。"辛弃疾执手陆游，说道："修我戈矛，与子同仇。望多保重。"

贰拾贰

嘉德芬芳

陆游常信步小径，观梅赏菊，自得其乐。也做园艺，时有劳作，“少携一剑行天下，晚落空村学灌园”。一些农活儿，他做来兴致颇高，“卧读陶诗未终卷，又乘微雨去锄瓜”。他夜半起身喂牛，亦有兴致，“夜半起饭牛，北斗垂大荒”。

悯　农

务农劳作，甘苦自知。他杂身老农间，对农之苦与忧，虽一直感同身受，而今尤为深切。天旱久不雨，他看乡民踏水车，心有悲悯，他写《悯雨》：“黄尘避赤日，苗槁已不迟。踏车声如雷，力尽真何为！”他盼望“我愿上天仁，顾哀民语悲。鞭龙起风霆，尚尽半年诗”。他对贫富悬殊深恶痛绝，“富豪役千奴，贫老无寸帛”。六子子聿一次问道，圣上可知？陆游道：“大臣上疏，直达天庭。”

他向子聿讲起，他当年几次廷对和上札，谏言圣上抑豪强，依法严限横征暴敛；税赋，富者多担，贫者免担；灾年赈灾，官仓救民；废除地方苛捐杂税，严惩贪官，追责昏官，弃用庸官。到而今，未见变化，依然如故。他说，孝宗是睿智之君，可是官员谋利不谋国，各为己谋，盘根错节，多有掣肘，孤掌难鸣啊！奈何？陆游自幼崇敬大诗人屈原，如今他以自身的经历，深切体验到屈原内心的痛苦，那不是文字的藻饰，而是痛彻心灵的呼喊："长太息以掩涕兮，哀民生之多艰！"陆游眼见官吏巧取豪夺，好似横江而过之网，搜尽游鱼。他在《书叹》一诗中，痛加鞭挞：

有司或苛取，兼并亦豪夺，
正如横江网，一举孰能脱？

他身边民不聊生的惨剧，使他处江湖之远，既忧其君亦忧其民，他在诗中常对不顾生民死活的县吏、亭长进行揭露，揭露他们贪婪的嘴脸和虐民的罪行，字字血，声声泪，震撼人心。他在《秋获歌》中写道：

数年斯民厄凶荒，转徙沟壑殣相望。
县吏亭长如饿狼，妇女怖死儿童僵。

山阴本是鱼米之乡，久得镜湖之利，然到陆游乡居时，镜湖水患频频，乡民苦不堪言。原来，权门豪族与地方官吏勾结，违法圈占湖田，破堤引水，堤岸千疮百孔，逢雨季，湖水漫田，农民受害。南宋中期，违法被圈占湖田达三千多顷。人祸还须人来除。陆游曾向绍兴府提出建议，兴修水利除水患，救民于水火。南宋时期，地方官任期以三年为限，为官者只顾眼前，“仕者苟目前”，岂肯顾三年之后？权门豪族强占圈地犹嫌不足，岂肯拔一毛而利天下？到头来陆游只能空嗟叹：“吾言固应弃，悄怆夜不眠。”

“生儿多以陆为名”

他体恤民苦，自回乡后，年年种植些药材，为乡民医病送药。

乡民常见他牵着毛驴，驮着药囊，穿行街巷，哪家有人病了，他闻讯登门，不取分文。人说，陆游是朝廷四品命官，今来为我等医病，是天赐之福。一次，一位乡民忽然患疾，狂泻不止，连找两三位医生，均不止泻，病入危境。陆游到后，望闻问切，仔细观察，他取出一味草药，请家人立即煎好，给病人服下。家人与病人心怀疑问：“这病如此重，一味药岂能治好？”陆游说道：“且过一时辰看来。”家人没料到，一个时辰后，腹泻显著减轻。陆游说道：“两个时辰后，再服一剂，到时我来。”再服一剂后，腹泻全止，家人欣喜。病人问道：“是何灵丹妙药？”陆游笑而答曰：“乃车前子耳。”陆游还常常向乡民介绍医药知识，他说：“莫小看单方，单方治大病，无花果止喘，万年青治心衰有效，玉米须治肾，蒲公英治……”

天长日久，他治愈病人多矣。他每次来，街巷人声相传，像是迎接远客，洒扫门庭，拂床擦几，有人家还要盛酒备肉款待。他在《山村经行因施药》诗中记下了这动人的情景：“耕佣蚕妇共欣然，得见先生定有年。洒扫门庭拂床几，瓦盆盛酒荐豚肩。”村民敬佩陆游，铭记其恩，给初生儿起的名字中，常带有陆字。陆游有感于心，他写道：“驴肩每带药囊行，村巷欢欣夹道迎。共说向来曾活我，生儿多以陆为名。”有好事者，见村童三五嬉戏，问姓，则答张、王、李、赵，姓氏多矣；问名，确乎常有带“陆”者。何其然哉？孩童必答：“陆游活我家人，不忘也。”

稚子之心

陆游自七十岁后，自知已不能挟长剑以抉九天之云，且以药囊去父老乡亲之疾，其情怀仍在家国。一一九五年正月，他在《新春》一诗中写道：

老境三年病，新元十日阴。
疏篱枯蔓缀，坏壁绿苔侵。
忧国孤臣泪，平胡壮士心。
吾非儿女辈，肯赋白头吟？

他诗中金刚怒目式的慷慨激烈仍在，却也有了菩萨低眉般的浅唱低吟。他创作了《晓叹》《枕上》《遣兴》《书愤》《异梦》和多篇醉酒诗等多种题材的作品，写国事、倡恢复、抒心志，慷慨激烈总是和悲愤沉郁融合，发出火山爆发般的长啸悲歌；他笔下的自然风光、风俗民情、生活情景和旷达乐观的悠闲心境，则是溪流婉转般的快意舒心的咏叹。诗中闲情逸趣总是和亲情美意水乳交融，展现其诗追求真、善、美的又一迷人境界。或清新，或恬淡，或活泼，或飘逸，口语入诗，明白如话，浅中含深意，平中有起伏。他一生备遭磨难，久历坎坷，但稚子之心如初；他深深热爱着生活，热爱着故乡。清代赵翼谓其“凡一草一木，一鱼一鸟，无不剪裁入诗”。

他在山阴写的田园小诗中，质朴的农家生活情境真实、可亲，乡土气息扑面而来，与王维、孟浩然的田园诗迥异其趣，这与他五十八年的农村生活紧密相关。中国历史上的大诗人，唯独陆游在农村生活了大半生，他不是隐居遁世，也不是优哉游哉地笑傲烟霞，而是在乡野的风雨中劳作、写诗、济民，他心与民通，情与民同。乡风之韵、草根之情，使他的这类诗浑然天成。

他独有的爱乡乐群之情和旷达乐观之心，总是在笔端灵动：

儿童随笑放翁狂，又向湖边上野航。
鱼市人家满斜日，菊花天气近新霜。
重重红树秋山晚，猎猎青帘社酒香。

邻曲莫辞同一醉，十年客里过重阳。

——《九月三日泛舟湖中作》

他和乡邻相处，亲情殷殷，邻里每有喜事，他必遵乡民风俗，送酒赠衣，表达心意，交往如水乳交融：

东邻稻上场，劳之以一壶；
西邻女受聘，贺之以短襦。

——《晚秋农家东邻稻上场》

他描绘乡村的景色与生活，常用白描手法，点染出情景交织的画卷，而且读来朗朗上口，音节短促鲜明，似是一首首清新明快的短歌，令人心驰神往，引人入境，如他的《夏日六言》：

溪涨清风拂面，月落繁星满天。
数只船横浦口，一声笛起山前。

他写《秋怀》，句句平白如话，生动活泼，意味隽永，如他在《即事》一诗中所言“诗情随处有，信笔自成章”：

园丁傍架摘黄瓜，村女沿篱采碧花。
城市尚余三伏热，秋光先到野人家。

他写《暮秋》，无历来文人之悲，倒有怡人心怀的情趣：

舍前舍后养鱼塘，溪北溪南打稻场，
喜事一双黄蛱蝶，随人来往弄秋光。

再读他笔下的《牧牛儿》，宛若一幅颇有童趣的牧童晚归图：

溪深不须忧，吴牛自能浮。
童儿踏牛背，安稳如乘舟。
寒雨山陂远，参差烟树晚。
闻笛翁出迎，儿归牛入圈。

他的《村女》小诗，写山村闭塞，村中世代通婚，妇女到老竟不知别村甚样：

白襦女儿系青裙，东家西家世通婚。
采桑饷饭无百步，至老何曾识别村。

陆游“信笔自成章”的这类小诗，是农村自然风光和农村生活的诗歌小品，数量之多、文笔之独特，在中国诗史上无人出其右，找不出第二人的同类同质诗作。这是他的一大创造，独步诗坛。

秉烛夜话

陆游的人好、诗好，声誉日隆，杭州、苏州市上所售团扇、折扇，画陆游像、题陆游诗者常见，远近时有晚辈后生慕名前来，或请指正诗作，或请讲述为文之理。陆游待如亲朋，倾心而谈。有时挑灯夜读他们的诗作，圈圈点点，遇好诗则题诗相赠。

一日，天气阴晦，风卷雪扬。黄昏时候，一位应姓学子，远道冒风雪而来。陆游见状，即命六子子聿为其煎姜汤驱寒。晚饭后，方与其交谈。

陆游先与其聊农事、话桑麻，言谈甚洽。陆游问道："有人说'鸡寒上树，鸭寒下水'，对否？"学子笑曰："吾不知也。"陆游笑曰："世事洞明皆学问。吾疑其语有误，养鸡观之。又询老妪，始知乃'鸡寒上距，鸭寒下嘴'为讹传也。鸡寒不上树，乃缩上一足；鸭寒不下水，乃藏其喙于翼间。"学子有悟，说道："事求其真须细察。"陆游颔首称是。

学子请教陆游成功之因，陆游说道："读万卷书，破茧化蝶，总要有多种笔墨，闲情逸致当是另种笔墨，'清水出芙蓉，天然去雕饰'。我笔说我话，话出我心境。"学子问为文之忌，陆游言道："文章本天成，妙手偶得之，文章切忌参死句，文章最忌百家衣，不可抄东家、借西家，东拼西凑，那是为文之大忌，是文抄公。倘若语言平庸，或虚张声势，或以大话、空话故作高深，欺世也，亦非正路。或他人已用，尔再用，拾人牙慧，何来传世文章？何来文学？文学、文学，文采之学，文之无文，行之不远，夫子之谓也。”学子说道：“陆公文章妙手天成，确乎炉火纯青，出神入化，吾终生不可及也。”陆游说道：“不然。尔雪天前来，迎风冒雪，登山过水，不畏其难，汝有志，持之以恒，文可成矣！”学子又问道：“一字一词何来？”陆游以手示之曰：“读书三万卷，学剑四十年，行路八万里，云尔。”

大雪未息，寒风尤冽，陆游留宿学子，免受风雪之苦。秉烛夜话，东方将晓。陆游言之谆谆，由写诗言及做人，以德为先，继而言及为国，以国为命，应姓学子如饮甘霖，次日深拜而别，时来拜访。

贰拾叁

思接今古

小园数枝梅，风姿婀娜，瘦骨凌风。前两天，枝头的花蕾含苞待放，长条短枝花蕾初结。只过两天，枝头的花骨朵儿，却争先咧开了小嘴，一朵朵，一枝枝，一树树，顶冰破雪绽放。冰肌玉肤，绿萼红花，微风似有若无，暗香悄然飘来。

陆游流连赏梅，子布、子聿对陆游说道：“梅花传递春消息。”陆游道：“临安却无好消息……”子布、子聿知老父为国事不悦，言道：“临安回天乏术，如之何？”陆游默然片刻，说道：“梅花傲雪而开，苍松迎风独立，不趋势附时也。”两人看老父似不欲言，揖拜，去园中忙农事。

私欲祸国

往事压在陆游心头，愈发沉重。

辛弃疾走时，陆游嘱其奏圣上，北伐必行，须从长计议，筹谋全局，谋定而后动，万不可轻易发兵。然辛弃疾认定“金必乱必亡”，可谓明于知彼，却昧于知己，对南宋国内情势缺乏清醒认识。应召，见宁宗后，多论“金必乱必亡”之理，但，宁宗召见，并非与其筹划北伐，而是谈盐政得失与管理。后派其任镇江知府。辛弃疾来信相告，陆游揣测，朝廷似对辛有戒心，不肯大用。

当是时，朝野有识之士如陆游者不乏其人，认为北伐必行，却非此时，须蓄力待时。然韩侂胄急功近利，决心已下，并拿出自己私财二十万贯助军。时有朝廷大臣提议缓行，而被夺官。忠心谋国而无私见的武学生华岳，初生牛犊不怕虎，一腔热血，心无禁忌，秉笔直书，痛陈己见，他说当时“将帅昏庸，军民怨恨；马政不讲，骑士不熟；馈粮不丰，形势不固；山砦不修，堡垒不设”，“人才埋没草野，豪杰沦落山林”，“现时出兵，必败无疑”！韩侂胄闻后，怒斥其狂，削其学籍，投入监牢。

一二〇六年，宁宗下诏北伐，诏曰：“天道好还，盖中国有必伸之理；人心助顺，虽匹夫无不报之以仇！”是为“开禧北伐”。

却说韩侂胄当国，国人知其窃国柄、为己谋，多有不服。杨万里誓不出仕，家居十五年，忧国成疾。家人自其病后，凡所有邸报和时政消息，俱不报闻。忽一日，有族中子侄从外而至，不知内情，骤言韩侂胄出兵之事，杨万里听后，恸哭失声，呼笔大书其罪状，言其必败，误国，又书十四言别妻子，笔落而逝。

宋军初战，气势如虹，一举攻下一州三县，孰料不到一个月，金军反攻，宋军内乱，前线为争功，竟内部相残。尤为甚者，吴曦以重金贿赂陈自强，渐次升为四川宣抚使后，派人秘密联络，带全军叛变投敌，换取金朝册封为蜀王。陆游听闻，忆起在南郑与王炎交谈，慨叹吴家八十年为国屡立战功，而今吴门一孙叛国，八十年忠孝门户，一朝扫地矣！

望断天涯

宋军兵败如山倒，不幸被武学生华岳言中。宁宗眼见大局已去，只好派使向金求和。金提出多项割地纳贡条款，每年要增加贡银五十万两、贡帛五十万匹，再加一次性“犒军费”三百万两，由“叔侄国”改为“伯侄国”，还有一项是“必杀韩侂胄，首级送金国”。这就是1208年签订的《嘉定和议》。按说这最后一项，是对一国的无情凌辱和对尊严的肆意践踏，宋应拒绝。只因宁宗长于宫中，无知无识无历练，任金提条件，一一允诺。史弥远乘机发动宫变，韩侂胄作为一国之相，十一月在上朝路上被杀。次年正月，朝中大臣尽皆同意，将韩侂胄头颅送往金国，金谥他污辱性名号：忠谬侯。这一事，成为空前绝后的辱国之行！百姓闻听，尽说“韩侂胄该死，也当由宋处置，怎能将其头颅送金？”无不暗指宁宗辱国之至！陆游道：“出兵北伐，宁宗之旨，战非其时。金索头颅，辱宋之至，竟送之，是为国之奇耻大辱！”

其实早在听到北伐时，陆游心即大惊，他认为，万事尚未足备，发兵何其急也！他料定凶多吉少。待一二〇六年冬，败局已成，举国悲戚。陆游悲叹，败在急功近利。他对儿子们说道："至此国家元气大伤，颓势难挽，恢复中原，要靠后来人了。然人不可无志，国不可无心，尔等应志在九州，心在中国。"

国难思良将。后来，朝廷令辛弃疾进枢密都承旨，这是进入国家最高军事权力机关，可是辛弃疾已病多时，未及受命，已卒，享年六十八岁。陆游不胜悲痛，叹曰："出师未捷身先死，长使英雄泪满襟！"辛弃疾一生也是四次遭罢官，几起几落，未得重用。时来运转，却天不假年，撒手而去，呜乎哀哉！陆游对子孙们说道："朱熹死时，韩侂胄伪学禁正严，朱熹为五十九人在禁名单之首，门生故旧为求自保，竟无敢送葬者，只有辛弃疾敢作敢为，写出真情实意的悼文，一人往而哭之。"子孙个个感叹辛爷爷是大丈夫。陆游又说道："还有一故事，人说，一位官员过辛弃疾墓旁僧舍，有其声大呼堂上，声音凄厉，若鸣不平，自昏暮至三鼓不绝。这位官员秉烛作文，悼之祭之，其声乃息。"他的孙儿说辛爷爷心有不平，死后犹鸣，令人惊叹。长孙元廷说道："壮志未酬，英雄不死。"

几次陆游在园中，张望当年辛弃疾所来路径，只见远山茫茫，白云渺渺，其音容笑貌宛在，只是不见其人了。临风想望，陆游叹道："时移世易，物是人非……"

教　子

陆游已进耄耋之年，又经此次国事大变，身心剧创，痛不欲生，然其猛志常在，一以贯之。一天，他录写了七十岁时写的词《诉衷情》，让孙儿元廷、元敏、元简、元用、元雅和曾孙阿喜一同诵读：

当年万里觅封侯，匹马戍梁州。关河梦断何处？尘暗旧貂裘。

胡未灭，鬓先秋，泪空流。此身谁料，心在天山，身老沧州。

他命幼孙元雅串讲，然后问十岁的曾孙阿喜："尔懂否？"阿喜答道："明白。"陆游又问道："我的《金错刀行》一诗，尔能背诵否？"阿喜答道："能。"陆游说道："且试诵后两句。"阿喜随之诵读："呜呼，楚虽三户能亡秦，岂有堂堂中国空无人！"陆游欣喜，手抚床头的长剑，对元雅说道："好也！爷爷的长剑要传给你。"陆游捋髯道："堂堂中国，泱泱中华，国家统一，匹夫有责，岂能安于现状？江山一统，南北自是兄弟，国运绵长。"

他教育儿孙以国为命，以德立身，不唯文辞为能。他嘱咐儿孙，要修身养性，勤于读书，于书中拜见古今圣贤，结交廉能之士，效先人修身养性，免受贪腐与趋炎附势之风所害，"修其心，治其身，而后可以为政于天下。"他说"仁义本何常？蹈之则君子"，为官要有官德，慎思谨行，其心在民。

他二子子龙赴任吉州掾前，与子龙长谈竟夜，他说："身为讼狱之吏，百姓身家性命之所系。百姓盼公道，如望云霓。

不可畏大人言，所畏者，法也。不可徇私枉法，不可以情代法，不可轻信妄言。蛛丝马迹，雪泥鸿爪，真迹存焉。不平则鸣，必有隐情。兼听则明，偏听则暗，勿以个人好恶加之。”

他向子龙讲起，先祖陆佃任江宁知府，纠正冤案的往事。有一案，三人同害一人。经审，三人皆认罪。一囚之父投诉，陆佃听其诉。通判狄咸与陆佃争曰：“三人认罪，不当听其父辩解。”陆佃问府中人，通判以下诸人皆曰：“其亲人恐其死罪，故而为其开脱罪责。此案已定，不可改变。”陆佃要来案卷，仔细审阅。他发现三人同谋，事实不清，证据不足，案卷残损，疑点与矛盾之处甚多。陆佃对通判诸人说道：“有错不纠，是为害人，败坏官府之声，阴损个人之名；有错必纠，是为善人，冤者感恩，审者终生无愧，堂堂为人也。容我十日，必捕得真凶。”陆佃按宋代案件重审程序，更换法官重审，宋代称之为“差官别推”。换人重审后，发现是错案，至第八日果然捕来真凶。原来这是欺兄盗嫂案，死者其弟怕事败露，害死其兄。所押三人与此案无关，是逼供成招。陆佃宣布三人无罪，即日开枷放人。百姓口口相传，为冤者庆幸，得见青天。陆游对子龙说道：“为法者，一案有错，不可；纠错，众声沸沸，听之不可。尔当无愧先祖，无愧苍生。”子龙答道：“诺，诺。”

他写诗一首送行，融汇了亲子之情、肺腑之言和殷殷期盼。他对子龙说：“为官下属，职低权小，并非可辱之事，负于职守则为可耻。”他嘱咐子龙，办案不可逼供，“判司比唐时，犹幸免笞箠”。

他叮嘱子龙，要廉洁自守，“汝为吉州吏，但饮吉州水。一钱亦分明，谁能肆谗毁？”他告诉子龙，他的好友周必大、杨万里等几人，致仕归故里，均在吉州，可去探望、交往，但切勿启口请托办事，而是要看重“相从勉讲学，事业在积累”“男儿立身须自强”。他叮嘱子龙慎交游，免生无谓之是非。要常写信来，以慰思子之念：“汝去三年归，我倘未即死。江中有鲤鱼，频寄书一纸。”子龙读诗，内心欣然、惨然。

自母去世十几年，家务无人料理，老父衣食俱简，贫困相扰，衣破露肘，鞋破露趾，坦然无怨：“衣穿听露肘，履破从见趾。出门虽被嘲，归舍却睡美。”从陆游六十四岁起，他长子子虡等兄弟四人先后外出为吏，人人遵从父旨，继承乃父之风，忠于职守、公平待人、体恤民生、廉洁行政，在南宋腐败颓废的吏风中，独树一帜，是难得之吏。

陆游渐入晚境，自审一生，深知从政不易。他支持儿孙外出为吏，是迫于家贫，“人谁乐离别？家贫至于此。”他常对儿孙们讲耕读传家。他对身边的五子、六子和孙儿，讲孔子赞扬学生颜回甘于清贫，“贤哉回也！一箪食，一瓢饮，在陋巷，人不堪其忧，回也不改其乐。贤哉回也！”又对他们讲解孔子的名言：“用之则行，舍之则藏，唯我与尔有是夫。”“道不行，乘桴浮于海，从我者其由与。”他对六个儿子常言：“做贪官污吏易，为清官能吏难。贪官污吏头上有三尺剑，自古无人完身而退；清官能吏脚下有薄田，手中有书卷，从来耕读可传世。此是进亦有为，退亦有为，安贫乐道乃君子。”

贰拾肆

千古绝唱

陆游一生特立独行，他追求的是理想，崇尚的是人格。作为诗人，他在梅花的生存状态中找到了自我。梅花是他心灵的外化，梅花就是他形象化的品格。

驿外断桥边

当年在四川，他在广都夜宿龙华山。

那夜，明月在天，皎洁如洗。幽蓝的夜空下，远近山影茫茫，万籁俱寂。他见寺庙前梅花盛开，竟徘徊月下，独观到中夜。次日晨，友人说他是“梅痴”，陆游笑而答道：“然也，吾乃痴梅者也。”他时有咏梅之作，意味深长。他在《梅花绝句》中写道：

幽谷那堪更北枝，年年自分著花迟。
高标逸韵君知否，正在层冰积雪时。

他曾发奇想，“何方可化身千亿？一树梅花一放翁。”

在小园与东篱，他手植之梅不下十几种。几个孙儿曾问他何以看重梅花，陆游说：“在其气节、操守，风骨、格调。”他说：“梅花高标独举，先天下而春，玉洁冰清，霜雪节操，素质贞心。梅花生命力强，竹篱茅舍、山泽水畔皆可生长。”他告诉长孙，梅花在中国有三千年历史，繁衍至今，已有三百多个品种，遍及中国。生民得梅花装点家园，又得梅花之利，其根、花皆入药，所治之病多矣。陆游告诉他，其太爷陆佃，廉洁自守，有十余年常在外，补郡守缺，尝赋《梅花》诗云：“与春不入都因淡，教雪难如只为香。”上句是说不随俗，自淡然，下句是说不争艳，独有香。是自况，亦是为人之格，家风存焉。

陆游凡到一处，闲时必寻梅，寻梅如寻故人，不惧路遥难行。

他向子孙讲起，那年冬末，他离开杭州前，和几位友人出城北四十里，登超山，从浮香阁拾级而上，领略十里梅海奇观。他说，放眼而望，梅林漫山遍野，随山起伏，白梅如雪似玉，遥映蓝天。俯首近处，骨朵含笑，幽香似有若无。有一唐代老梅，高丈余，苍劲龙钟，花开独早，竟是罕见六瓣花。他们为寻这老梅，穿行梅林之中，颇费周折，个个气喘吁吁。这时山上竟飘起疏疏落落的雪花，在阳光下闪耀五彩之光。待见老梅，皆为其老而弥坚而生敬意。他们伫立多时，似逢老友，不舍离去。子孙静听其言，几个小孙与曾孙，依父膝引颈而望，听来粗得其意。

陆游边忆早年之游边言道，超山之梅，千姿百态。江梅，萼红瓣白，枝直却多刺；垂枝梅，枝若垂柳，婀娜娉婷；还有绿萼梅、宫粉梅、朱砂梅……陆游又说道，人以梅曲、梅欹、梅疏为美，是观其姿，取其景，赏其态。然梅之美，是美在风霜雨雪造就的品格，人当如是。

陆游寄情于梅花，又以梅花寓志，自喻自励，他歌咏梅花的诗词有一百多首。

曾有一天黄昏，细雨淅沥，在一处古驿站外，他遇到一座断桥阻隔，不得前行，他心中一震："断桥断路！路在何方？"

他茫然四顾，不经意间看到断桥旁有一树梅花，触动思绪，往事如烟，百感交集。他愣愣地凝视着这树梅花，回驿站沉吟良久，情不能已，他写下了《卜算子·咏梅》。在词中，他咏叹梅花的超凡脱俗，淡泊自守，与人无争，虽在风雨中飘零凋落，碾压成泥，而清香仍然如故，气节如初：

驿外断桥边，寂寞开无主。已是黄昏独自愁，更著风和雨。

无意苦争春，一任群芳妒。零落成泥碾作尘，只有香如故。

陆游这首词，高标卓然，传唱不绝，也隐约透露出了陆游的精神境界。

“但悲不见九州同”

他八十五岁时，体力大不如前，笔耕不辍，出门日稀。到一二〇九年冬，已卧病榻，不甚动笔了，枕边放着《论语》《诗经》《楚辞》及陶渊明诗、杜甫诗，每日都有翻阅。子布、子聿和孙儿守候榻侧。

一日，潇潇雨歇，长空万里，室内顿时明亮起来。陆游对五孙元雅说道：“汝父教你读过岳飞的《满江红》吗？”元雅答道：“教过。”陆游道：“试诵。”元雅诵读：“怒发冲冠，凭栏处，潇潇雨歇……”元雅诵毕，陆游说道：“这阕《满江红》，是岳飞三十岁时所写。他三十四岁时，又大战来犯金兵，一举收复襄阳六郡。他逐郡巡察，看到六郡破败，百姓在金占时，多已逃亡。一天，他登临黄鹤楼，俯瞰大江，极目北望，遥想故都和铁蹄下的百姓，又写了首《满江红·登黄鹤楼有感》，且听我诵来。”他呷了口水，轻声吟诵：

遥望中原，苍烟外，许多城郭。想当年，花遮柳护，凤楼龙阁。万岁山前珠翠绕，蓬壶殿里笙歌作。到而今，铁骑满郊畿，风尘恶。

兵安在？膏锋锷。民安在？填沟壑。叹江山如故，千村寥落。何日请缨提锐旅，一鞭直渡清河洛。却归来，再续汉阳游，骑黄鹤。

几个儿子和孙子听陆游诵读后，深知其意，曾孙阿喜说道：“太爷，岳飞精忠报国，太爷报国尽忠，我等自当从头收拾旧山河，朝天阙！”陆游看着儿孙们说道：“男儿有志，志在兴国，中国必兴！”

对未来的期盼与坚信，一直是支撑陆游的精神力量。虽然他写下了万首诗，取得了文学成就，但他并不以此满足，反倒以此为憾，他终生追求的最高理想虽未实现，“有负圣时”，但他仍然坚信“会有方来可与期”。他在《衰疾》一诗中写道：

衰疾支离负圣时，犹能采菊傍东篱。
捉衿见肘贫无敌，耸膊成山瘦可知。
百岁光阴半归酒，一生事业略存诗。
不妨举世无同志，会有方来可与期。

这年腊月奇冷。有几日连阴，乌云漫天，白昼如夜。一日忽然冬雷阵阵，屋瓦震动，地有回声。一道闪电如利剑劈开长天乌云，瞬间照亮天地，倏尔又是无边的黑暗。

片刻，远方一阵闷雷“轰隆隆”滚过，震动大地。子布见陆游躬身欲起，轻声问道：“父执可有心事？”只见陆游缓缓张目，凝视二子，嗫嚅道：“拿笔来……”子聿扶老父坐起，搀扶至案侧。子布研墨、润笔、铺纸，陆游写出“示儿”二字，稍停，凝思，用行草写下：

死去元知万事空，但悲不见九州同。
王师北定中原日，家祭无忘告乃翁。

写毕，陆游微闭双眼，流下滴滴热泪。这首诗悲壮沉痛，可泣鬼神。这是陆游一生的追求，此时化为遗嘱，这是他写下的最后一首诗，后人誉为千古绝唱。

入夜，雪霁云散，窗外山野白雪皑皑，梅花傲雪而立，疏影孤寂。陆游在家的子孙传读此诗，人人可诵。眼见老人渐入弥留之境，无不凄然。族人、邻里来探视，愁楚不语，抄走此诗，街闻巷知。村里名字带陆字的小儿，大者已二十多岁，小者五六岁。他们来时，对陆游儿孙说道："爷爷曾救我，我为爷爷做甚？"也有人说道："王师北定中原，如要我，我当执戈王前驱，归来祭告陆爷爷。"

村里远远近近，自陆游病重后，不动响器，不闻丝竹之声，不闻人声喧哗，凄清、冷落。

半月后，腊月未尽，已是一二一〇年初，陆游在无限的遗憾中溘然病逝，享年八十六岁。乡人闻知，哀痛掩泣。在外为官的大儿子虡、二儿子龙、三儿子修、四儿子坦，皆以"丁忧"告假归来。五儿子布、六儿子聿诸事早已处理停当。五个孙儿元礼、元敏、元简、元用、元雅，曾孙传义等也同父辈守灵。送葬之日，子孙、族人、乡民结队相送，不绝于途。有人轻声诵读他的诗句："壮心未与年俱老，死去犹能作鬼雄。"

是日，小雪稀疏，四野寂静。

陆游长眠在会稽山下，镜湖水畔。

贰拾伍

中华高歌

陆游的生命融进了万里江山，他坚守的志向亘古相传。他一生志在社稷，怀抱苍生，以天下为己任，是继屈原、杜甫之后又一位伟大的爱国主义诗人，是中国文学灿烂星空的一个光芒四射的星座。

诗史高峰

他“六十年间万首诗”，是我国古往今来写诗数量最多的诗人。其诗是经典，是我国诗史上的一座高峰。其自编诗集《剑南诗稿》，书名郁勃之志存焉。几经精选，共八十五卷，收入诗作九千多首。雄奇豪放，沉郁苍凉，轻灵流利，三大特色交相辉映；铁马冰河雄关，杏花春雨江南，魅力无穷，令人陶醉。

陆游诗词，在南宋当代，便获众誉，广为流传，同时代的文学家尤袤、朱熹、杨万里、范成大等人，给予崇高的评价。朱熹在答友人书中说："放翁之诗，读之爽然，近代唯此人为有诗人风致。"后世元、明、清，代代相传，无一不做瑰宝视之。

明末清初，藏书家、出版家、评论家毛晋，以高于同业的价格，多方搜求宋版图书，重金聘用名家校勘，他开设的全国著名书坊汲古阁，不惜投入家财，首次刻印了《陆放翁全集》，包括《剑南诗稿》《渭南文集》五十卷（其中包括《入蜀集》六卷，词两卷），《老学庵笔记》十卷，《南唐书》十八卷，《家世旧闻》《斋居纪事》《放翁遗稿》《陆氏续集验方》等全部陆游著作。毛晋对陆游及其著作倾心推崇，称其呕心沥血，他在跋文中说："放翁富于文辞，诸体具备"，他说陆游诗"篇什富以万计，今古无双。或评如怒猊抉石，渴骥奔泉；或评如翠岭明霞，碧溪出月，何足尽其胜概耶"。陆游作品得以行于世传于今，毛晋居功至伟。

清代著名文学家、诗人、评论家赵翼在其《瓯北诗话》中论道："宋诗以苏、陆为两大家，后人震于东坡之名，往往为苏胜于陆，而不知陆实胜苏也。""朝廷之上，无不以划疆守盟、息事宁人为上策，而放翁独以复仇雪耻，长篇短吟，寓其悲愤。"

政治家、史学家、文学家、评论家梁启超，在《读陆放翁集》诗中，高度评价陆游和陆游诗："诗界千年靡靡风，兵魂销尽国魂空。集中什九从军乐，亘古男儿一放翁。"

当代中国古典文学专家朱东润，以及作家苏雪林等认为，像陆游这样“几乎无时无日不沉浸在爱国主义海洋之中的作家，我们很难举出第二个”。苏雪林在一九一九年所写的《陆游评传》中说：“这样的爱国诗人，在中国诗史里，恐怕再也找不出第二位了。”

光耀万世

周恩来总理自幼喜读陆、苏作品，青年时期去日本留学，置于案头，随时诵读。他一生敬仰崇尚屈原、杜甫、岳飞、陆游、文天祥等爱国主义者以及他们的经典作品，他认为：“宋，陆游第一，不是苏东坡第一。陆游的爱国性很突出，陆游不是为个人而忧伤，他忧的是国家、民族，他是个有骨气的爱国诗人。”诚如周恩来总理所言，陆游是个有骨气的爱国诗人，他硬骨铮铮，坚定不移，百折不挠，不忘初心。

陆游的诗词，是实现国家统一的高歌，也是人类文明史的一面镜子。人类从原始部落走来，跨越漫长的岁月，饱尝艰难困苦，攻守征战，经历一个又一个历史阶段，形成现代的国家。中华民族如今是五十六个民族的亲如兄弟的大家庭，陆游在中华大地家喻户晓。从二十世纪初，我国自有大中小学以来，陆游诗词历来都是教材的重要内容。凡讲起陆游，从北方到南方，从东南到西北，从港澳到台湾，乃至于海外华侨，都会自然流利地背诵陆游《示儿》等诗。他们说：“陆游是中国的，是中华民族的，也是世界的。”话语中，充满了民族自豪感。

习近平总书记在文艺工作座谈会上说："在社会主义核心价值观中，最深层、最根本、最永恒的是爱国主义。""拥有国家情怀的作品，最能感召中华儿女团结奋斗。"他说，范仲淹的"先天下之忧而忧，后天下之乐而乐"，陆游的"王师北定中原日，家祭无忘告乃翁""位卑未敢忘忧国""夜阑卧听风吹雨，铁马冰河入梦来"，文天祥的"人生自古谁无死，留取丹心照汗青"，林则徐的"苟利国家生死以，岂因祸福避趋之"，岳飞的《满江红》等，是以全部热情为祖国放歌抒怀。这正是陆游诗篇生命力所在。

陆游的《示儿》等经典诗篇，已成为中华民族坚持统一，维护国家主权与领土完整的共同的诗化语言，是中华民族的宝贵精神财富。外国读者从陆游的诗篇中，感受中华民族的悠久历史，领略中国山河之美，认知中华民族的理想和性格，体验中国文化的诗思、诗情、诗趣，会走进一个美好的文学世界。

沈园伤往事　终老犹断魂

——重读陆游《钗头凤》

绍兴，曾是古越国首都，秦时称山阴。城内外河道纵横，家家临水，户户行船，波光入户，杨柳依依。这山阴还以园林之盛，闻名江南。盛极时，有私家园林二百多处。按当时习俗，每逢三月春来，家家园林皆向社会开放，供人游憩。几经沧桑，大多园林已消失在历史的烟云里，存者寥寥。沈园几经变迁，却仍保留至今，全赖陆游在园内粉壁题下《钗头凤》一词，使沈园成为人们崇仰的一座爱情世界的神圣殿堂，旅游观光的一个好去处。

我最初知道沈园，是在大学读书时。那时老师讲到沈园的题壁词《钗头凤》，初感这是一首境界凄美的好词。约在一九六一年冬，长影演员话剧团在全国巡回演出《钗头凤》，红遍大江南北。在哈尔滨演出时，同学们看后反应强烈，有的同学说，何时能到沈园一游呢？话虽是这样说，同学心里明白，这只是说说而已，在那个封闭的年代，远游沈园谈何容易？

转眼二十多年过去了。一九八三年，我和全国新闻记者团，到绍兴采访轻纺工业发展的经验。一次午饭后，我等几人相约去看沈园却吃了闭门羹。只见破旧的两扇园门上链上了一条铁链，中间一个大铁锁锈迹斑斑。透过门缝向里张望，只见衰草遍地，断垣残壁，景象衰败。几人怅然而归，大失所望。

二〇〇〇年四月，我和几位朋友到绍兴，又去沈园，景色大变，园中亭台水榭修葺一新，桃李争荣，垂柳拂烟。陆游题诗的粉壁墙前，人头攒动，有人在抄词，有人在默念，有人在拍照，人们沉浸在《钗头凤》这首词的情境里。

又过五年，在西湖畔，不知哪位友人提起了沈园，大家兴致勃勃背诵起《钗头凤》来。及至游沈园，一位同行者抄录全词，行在路上边走边吟，如醉如痴，不消说，这词的魅力足以撩动情怀，引人遐想。归来后，我找来几个版本研究陆游的专著，研读他的身世和诗词。这期间，对陆游和《钗头凤》原词与和词的一些争议，也有了别于往昔的认识，这可算作是旅游触发的所得吧。

一、两情难相依，谁和《钗头凤》？

陆游生于一一二五年，正是金兵开始南下的战乱岁月。他二十一岁时娶妻，伉俪相得，琴瑟和谐，其乐融融。怎奈其妻难得母意，数遭谴之，陆游无奈，但“未忍绝之，则为别馆，时时往之”。后为其母发现，遂至仳离，泪洒青衫，两情远隔，然昔日恩爱，萦怀不忘。这是两人的婚姻悲剧，在他们的感情世界里，留下了终生不可磨灭的创伤和痛苦的记忆，恰如“孔雀东南飞”，“举手常劳劳，二情同依依”。

后来，其妻另嫁文士赵士程，陆游再娶。

陆游三十一岁时，春游沈园，与赵士程夫妇不期而遇。其前妻语赵，赵遣仆人给陆游送来酒肴，以尽礼节。有文章称，是其前妻亲送，实为违时违礼之想象，不足采信。意外相逢，近在咫尺，远在天涯，往事如昨，触绪难抑。陆游心中沉寂多年的感情潮水，此时奔流翻腾，他面向粉壁，挥笔写下了千古绝唱《钗头凤》，以抒长恨：

红酥手，黄縢酒，满城春色宫墙柳。东风恶，欢情薄，一怀愁绪，几年离索，错、错、错。

春如旧，人空瘦，泪痕红浥鲛绡透。桃花落，闲池阁，山盟虽在，锦书难托，莫、莫、莫。

这首词状物写情，委婉缠绵，陆游把他怀有百年之期却一朝被迫离异的痛苦和“山盟虽在，锦书难托”的一腔忧思与愤慨，挥洒壁间。这沈园一见，即成永诀。一时之作，留下终生之悲。

据传，陆游前妻在辗转相传中，读到这首词，百感交集，和词一首：

世情薄，人情恶，雨送黄昏花易落。晓风干，泪痕残，欲笺心事，独语斜栏，难、难、难。

人成各，今非昨，病魂常似秋千索。角声寒，夜阑珊，怕人寻问，咽泪装欢，瞒，瞒，瞒。

如果说陆游原词，以爱、恨、悔交织的心情，展现了凄怆酸楚的内心世界，这首和词则是无可奈何、独言独语的自白，自怨自弃的倾诉。这两首词，熨帖吻合，语言纤丽却又深沉，各说各话情却专一。才思纷呈，幽怨绵绵，堪称珠联璧合，并为千古绝唱。据言，沈园邂逅几年后，多愁善感的陆游前妻郁郁而亡。

不过，令人遗憾的是，这首和词断非陆游前妻所作。试想，在程朱理学占统治地位的世风中，她怎能违背“三纲五常”、蜜意通情、不遵妇道？她作为再嫁之人，心怀故夫，若写这等情词，恐为家庭难容、众人所指。她也绝不会以唱和之词，搅动满城风雨，自毁名节。她也不能不顾及后夫赵士程，否则后夫赵士程情何以堪？

倘若仔细推敲原词，足以认定这是他人假托之作。词中写道：“欲笺心事，独语斜栏，难，难，难。”再如：“角声寒，夜阑珊，怕人寻问，咽泪装欢，瞒，瞒，瞒。”既然是欲笺心事而不能，只能“独语斜栏”，发出“难，难，难”的慨叹，她怎能又赋词唱和？而下半阕写到“怕人寻问”，不得不“咽泪装欢”，为的是“瞒，瞒，瞒”，这明明是第三人设身处地，状其心境，写其心思，述其满腹哀婉、难言之苦。这第三人的文笔词采实为超群，令人叹服。

再者，所传的陆游前妻的和词，从未在宋代和元代人的著作中出现，它最早出现在明代人所著的《古今词统》中，并没有署名。明代与南宋陆游逝世相去二百来年，如是其前妻所作，宋代时便应有记载，绝不至于二百年后突然出现，而且又无任何证据。何况在陆游题写后五十多年所写的全部诗、词和文中，从未提及有这么一首词。如有，陆游总会留下支言片语，这也足以说明所谓唐婉的和词确系他人的假托之做。

再说“唐婉”。唯在宋末明初周密所著的《齐东野语》中，称陆游“初娶唐氏”，但未言其名。在清末和二十世纪五六十年代有人指陆游前妻是“唐婉”，这种认定也是毫无证据，这是大胆的假设，臆测的认定。现当代学者、红学家俞平伯等多人认为所谓“唐婉”答词《钗头凤》是虚拟假托之作。这是可信的求是之论。这首词的作者实为无从考据的“无名氏”。这并无损这首词的文学性与经典性，流传至今的一些无名氏作品，并不因其作者不详而减弱人们对其作品的喜爱与推崇，它们同样是我国文学宝库里的瑰宝。

近百年来，以《钗头凤》为题材的戏剧、电影、电视剧等断续出演。出自文艺创作规律，有更多的想象与虚构。剧中陆游前妻为谁，是“唐婉”“李婉”，还是“周婉”，已经不重要了。我们不必拘泥于史实，求全责备，只要演绎出动人的剧情便好。

二、诗证旧题壁，异说事茫茫。

陆游的《钗头凤》流播于世，在南宋末年和元、明四百多年，无人质疑。清朝以来，吴骞、许昂宵、关衡照和当代夏承焘等学者，竟然揣度、推测《钗头凤》可能是陆游四十九岁后入蜀所作，而且是“属意他人”，似是艺伎杨氏。笔者查阅、比较有关资料，对此不敢认同。解开这个扣子并不难，细读陆游诗词原文本即可。有什么比陆游原文本更可信的吗？况且陆游在晚年的诗、文中写得清清楚楚，何必舍陆文之真，去揣度、推测、穿凿，而愈发扑朔迷离，难以自圆其说？

研读陆游晚年的诗词，可以窥见陆游在力主抗金、收复河山、亲赴前线的艰难困苦中，虽然远离家乡，但他对前妻的深情，对婚姻悲剧的痛惜，始终不能释怀，正如李后主的名句“离恨恰如春草，更行更远还生”，只是陆游深埋心底罢了。他一旦老而还归故乡，当年的记忆和现实的痛楚便流入笔端。他多次忆及沈园题词，具体而微，真实可信。

陆游六十五岁又被罢官后，回到山阴鉴湖三山家中。六十八岁那年，他去沈园，触景伤怀，情不自禁，吟诗一首。他在序言中写道：“禹迹寺南有沈氏小园。四十年前，尝题小词一阕壁间。偶复一到，而园已三易其主，读之怅然。”小园易主，故人早亡，他已垂垂老矣，百感交集。他在诗中写道：“林亭感旧空回首，泉路凭谁说断肠？坏壁醉题尘漠漠，断之幽梦事茫茫。”

一一九九年，陆游七十五岁，贫困、多病。他又去沈园后，写了《沈园》诗两首。

其一，在斜阳和凄厉的画角声中，他思往事，忆旧游：

城上斜阳画角哀，沈园非复旧池台，
伤心桥下春波绿，曾是惊鸿照影来。

其二，回首四十年，柳树已老，不见绵绵柳絮，联想自身行将作土，犹来凭吊，潸然泪下：

梦断香消四十年，沈园柳老不吹绵，
此身行作稽山土，犹吊遗踪一泫然。

陆游进入耄耋之年，步履维艰，自不能再去沈园，但他“晚岁每入城，必登寺眺望，不能胜情”。

陆游八十三岁时，曾夜梦重游沈园，醒来慨叹唏嘘，写出两首七绝。

其一：

路尽城南已怕行，沈家园里更伤情，
香穿客衫梅花在，绿蘸寺桥春水生。

其二：

城南小陌又逢春，只见梅花不见人，

玉骨久成泉下土，墨痕犹锁壁间尘。

陆游当年题壁《钗头凤》，既要抒发对前妻之情，又免得为前妻招惹麻烦，故而当时没有署名。因这词写得好，“观者多疑是古人”，所以陆游八十四岁在《禹寺》中写道：“绍兴年上曾题壁，观者多疑是古人。”然而陆游是山阴的名门望族之后，人们又称其为“小李白”，他的笔迹终为人们所识。陆游同时代人陈鹄的《耆旧续闻》、刘克庄的《后村诗话》，宋末元初人周密的《齐东野语》中都有陆游题壁词《钗头凤》和本事的记载。

笔者梳理，所引陆游原作，已构成完整的证据链。足以证明，陆游的《钗头凤》是写于沈园，寄情于前妻，断非四十九岁后入蜀所作，亦非“属意他人”。

陆游对抗金是刚肠侠骨，令人敬仰；他对前妻柔情似水，使人叹惋。倘若我们重读清朝诗人文廷式的名句：“重叠泪痕缄锦字，人生只有情难死”，也许对陆游的《钗头凤》会有新的了解。不过这只是陆游心灵世界的一个角落。陆游的近万首诗中的老而弥坚的爱国之情和爱民之情，则是时代的民众的最强音，是他一生的血泪呼喊。

二〇一三年七月初稿

二〇一六年八月定稿

二〇一六年十月再改

铁铸佞臣跪湖山

在杭州西子湖畔，栖霞岭下，岳飞墓前铁栅栏内，有铁铸秦桧夫妇和万俟卨、张俊四人像，皆反剪双手，赤身跪地。楹联“青山有幸埋忠骨，白铁无辜铸佞臣”，书写的便是由此触发的忠奸之叹，句中凝结着对伟大的爱国主义者岳飞的无限崇敬之情，对秦桧之辈的无情鞭挞之恨。

秦桧夫妇铁铸像跪于岳飞墓前，史载始于明朝正德年间（一五一三年），是浙江都指史李隆用铜铸成，陆续被游人乱石痛击而碎，后又重铸。及至万历年间，秦桧等四人铁铸跪像竟被游人打得“四首齐落，而下首为游人所击，止露肩背”。秦桧生前作恶多端，后世一直被千夫所指、万人唾骂，这是历史的必然，是世道人心。

屈指算来，秦桧夫妇在岳飞墓前已经跪了四百九十三年。让秦桧跪着，是那个时代的产物，是历史、是事实，是中华民族道德法庭对他的审判，反映了中华民族传统荣辱观的历史特点。可是，在秦桧被钉上历史的耻辱柱八百多年后的今天，竟有人让秦桧站起来，为秦桧夫妇雕塑了立像，并堂而皇之地送去参加了艺术展，一时舆论哗然，可谓是“惊世之作”，不过最终作者迫于民意，没展几天便匆匆撤回去了。据说，作者让秦桧站起来，是为了体现“民主”“人权”之类的理念。“民主”“人权”当然是很美好的东西了，可惜古代社会还没有，那时的人们不知“民主”“人权”为何物。于是在西方中世纪的漫漫长夜里，处处没“民主”，无人讲“人权”。中国的古代封建专制社会也如此。为了体现今天的“民主”“人权”，在艺术作品中让罗马帝国的奴隶穿上西服革履，住进摩天大楼行吗？让中国封建王朝的王公大臣上朝时不再下跪，而与皇帝握手互道早安，然后围坐在圆桌旁，喝着可口可乐，在麦克风前讨论朝政，行吗？倘若如此表现，既不是“正说”，也不是“戏说”，而是胡说。

人民唾弃秦桧，是因为他与党羽和宋高宗联手，杀害了岳飞，制造了“千古奇冤”；是因为他“以诬陷善类为功”，把“忠臣良将诛除略尽”，冤狱遍于国中；是因为他擅权朝政，卖官鬻爵，所收黄金白银等富可敌国，可与清朝巨贪和珅相比。翻查史籍，秦桧之罪“罄南山之竹书罪无穷，决东海之水流恶难尽”。事实上，在人民的心目中，秦桧一直是出卖国家和民族利益的历史罪人的象征、奸相的典型。让秦桧跪在岳飞墓前，作为一面镜子，使人们辨忠奸，分善恶，明荣辱，是生动形象、内涵深刻的“以热爱祖国为荣，以危害祖国为耻”的历史教材。

让秦桧站起来的塑像，其创作设想也许可谅，不过未免失之于浅薄，而其客观效果则是淡化荣辱界限，颠覆是非之别，其变丑为美、变恶为善的倾向令人忧虑，这样的作品公之于世，只能造成人们对历史人物认知的迷乱，联想时下否定英雄、美化丑类的文艺话语，在影视、报刊、图书中并不罕见，不能不让人深思。有的作品，偏离确凿的历史文献与物证，在“重新评价”“全新视角”的语境中，以个人偏执之见“重现”历史人物。在这类作品中，以身报国者谋国缺少远见，对敌全无大略，汲汲于一时的得失，贻患无穷，而卖国求荣者，则是忧国忧民，忍辱负重，宏图大略，劳苦功高，功及后世。凡此种种，历史被个人意愿歪曲，优劣被个人标准混淆，荣辱被个人倾向颠倒。如此这般，民众是不接受的。有人投书报端，发出“我们应当学习谁”的慨叹，也是如鲠在喉，不吐不快。对青少年来说，则弊莫大焉。古人云：“不知荣辱，乃不成人。”假若这类作品多起来，使青少年从小不辨荣辱，长大时怎能为国为民？

好在历史是人民写的。秦桧夫妇等四人在岳飞墓前跪了四百九十三年，还是继续跪下去吧，这不是谁人感情的宣泄，而是今人在道德法庭上，对秦桧继续跪下去的又一次判决。至于以“重新评价”“全新视角”为招牌的欺世之作，也是立不起来的，秦桧站起来的雕像招来一片反对声，不就是明证吗？

二〇〇五年十月

秦姓何必愧姓秦

传说，宋朝以后，有个杭州抚台姓秦，有一天他到岳飞墓前，看到秦桧夫妇的跪像，深受触动，百感交集，当即写了一副对联，他写道："人从宋后少名桧，我到墓前愧姓秦。"

宋朝以后，人们皆因秦桧为丑类，极少有人再以"桧"字为名，这是事实。不过只因姓秦，到岳飞墓前"愧姓秦"，倒是多余的了。

中国的姓氏，起源于四千多年前，眼下据说中国有四千一百多个姓氏，台湾学者王素纯编著的《中国姓府》收进的姓氏达七千七百多个，北京教育科学出版社出版的《中华姓氏大辞典》，所收姓氏一万一千九百六十九个，可见其繁衍变化十分复杂。许多同姓相见，常说"我们五百年前是一家"，其实许多同姓，自古以来就不是一家，秦姓也非一家。中国的同一姓氏，往往有多个来源，祖先远不是一脉相承，子孙也不是同一血统，故而同姓不同宗者比比皆是。

另外，有部分姓氏，是承蒙"皇恩浩荡"，由皇帝所赐。

部分李姓，便是唐朝开国后，为表彰十六位开国元勋，彰显皇帝的信任，赐他们姓“李”，于是这批元勋从此再也不姓“张、王、赵、刘”了，而是三呼万岁，“谢主隆恩”，放弃祖姓而改姓“李”了。

在漫长的封建社会，还有因避祸、避讳、避事等诸多原因改姓的。岳飞后代为逃避奸臣迫害，亦有改姓者，远走他乡。他们的后代生活在安徽、辽宁两省。京剧《四郎探母》里，杨四郎被“番邦”招为驸马而改姓，也是一个故事化的改姓个案。

说秦姓不是一家，是他们并非一祖之后，而是分别源于古代的姬姓、嬴姓。至于杭州秦姓抚台是出自哪个秦姓，无从查考。他是不是秦桧后人，也无从说起。即便他是秦桧后人，依愚之见，也不必“愧姓秦”。这秦姓本是从祖先延续而来，并不属于秦桧的专利，况且根据人类遗传学原理，爱不爱国、有没有正确的世界观、人生观、价值观，那是与遗传毫无关系的，遗传因子染色体里没有这些高妙的东西。一个人有什么样的思想道德，有什么样的品格，有什么样的文化知识，来源于后天的教育和自己的人生经历与实践。

单说秦姓，在秦桧之前，秦姓没有叛徒、内奸，倒有许多良将鸿儒，如秦冉是孔子的名徒，大学问家；秦开是战国时代燕国的大将军。秦桧之后，秦姓也是英才辈出。秦桧的曾孙秦距，便是其中一位。南宋宋仁宗时，嘉定十年，金兵南犯，老将军赵放力荐秦距可当抗金大任，即遭到“左派”大臣们的坚决反对。为什么呢？他们认为秦距是逆贼秦桧的曾孙，“其祖恶贯天下，万世唾之，不能用其后人”。老将军赵放不顾同僚们的反对，力排争议，他驳斥道：“人各有心，心心各异。既不能以其祖而制其后，也不要以其人而制其亲。”老将军侃侃而谈，他是在力荐秦距，也是在批判封建主义的血统论。事实证明，老将军说得不错，他很有眼力。秦距在金兵围蕲州时，率领民众英勇抗战，宁死不屈。金兵攻破城池后，他拒不投降，带领全家七口投火而亡，以身殉国，谱写了一曲民族正气歌，气壮山河。

由此看来，这姓氏只是一个符号，说明不了什么，更不能说明一个人是怎样的一个人。以姓氏为愧，没有必要；以姓氏为荣又如何呢？其实那也是多余。清皇族后裔启功先生在《启功口述历史》中，回忆爱新氏如何变为爱新觉罗氏后，说道：“现在很多爱新氏夸耀自己的姓，也希望别人称其为爱新觉罗；别人这样称他，觉得是对他的一种恭维。这实际很无聊。”

本来现代秦姓与秦桧并无任何干系，与岳飞后人的区别也只是姓氏不同而已，可是偏偏有秦姓后人却要和秦桧挂钩，还要与岳姓补续某种情结。据报载，有个“秦家庄”，“秦家庄”有位秦先生，似是族长级，属业余兼职干部。这位秦先生说，有本族人提议要与几千里外的“岳家庄”人会面，那理由无非是一个村里人是秦桧后代，另一个村里人是岳飞后代吧。这位先生说会不会面，还得“研究研究”。这“研究”中有什么奥妙呢？是化解祖先的恩怨，还是表现秦姓与岳姓的大团结？还是别有深意存焉？不过窃以为用启功先生的话说，这是很无聊的事情。秦姓与岳姓相见，与张三与李四相见，在今天是没有什么不同的。历史上一些姓氏的先人曾有过种种过节，但对今日这些姓氏的后人来说都毫不相干，祖先的事与你何干？五百年前你在哪里？一千年前你在哪里？

还有好事者说，宋朝以后，秦姓与岳姓不通婚。这倒未必是事实。现代时兴人口普查，谁听说搞过秦姓与岳姓是否通婚的普查？秦姓与岳姓不通婚，证据是不足的。好事者不必为这个题目费脑筋，因为这个题目本身也很无聊。如果今天有秦姓与岳姓男女青年结婚，说明什么问题？只能说明两个青年相爱而已，其他是什么也说明不了的，不是吗？

秦姓、岳姓和张、王、李、赵、刘等诸姓人氏，以姓氏为荣为愧，或借题拿先人说事，窃以为那都是“世上本无事，庸人自扰之”。

二〇〇五年十一月

后记

历经九年，研读历史文献，写作这部作品，笔者对南宋的历史有了较深入的了解。南宋，是陆游生活的时代，是陆游行动的历史大背景。要写出陆游的历史真实性，写出真实的南宋是前置条件。在写作中，笔者仿佛走进了南宋。那是半壁江山，却又完全承继了北宋的基因和血脉；那是经济和文化又一个发展的朝代，却又是危机四伏的岁月；那是众望恢复的时期，却又是腐败恶性蔓延的年代；那是奢靡享乐之风浸润城镇的往昔，却又是农民贫穷日甚的历史。笔者尝试拨开历史的烟云，让读者得见南宋全貌，摆脱一些报刊、网络时有所见的各执一端的“学术”偏好。笔者认为，唯其如此，方能认识真实的陆游。

陆游生于战乱，死于忧患，他的一生，令人慨叹、崇敬。陆游并非完人，世上不曾有完人、神人，然而陆游的执着和坚强，是无与伦比的！他忧国忧民，是对儒家思想精髓的继承。他牵着毛驴，走在乡间的小路上，为乡民送医送药，一颗济世之心，动人情怀，禁不住令人潸然泪下。他的晚年，精神栖居在诗意的世界里，写作尤勤，超乎常人，他以诗词吟咏每天的生活。诗就是他的日记，他的日记就是诗。他的诗风有变，不变的是他的一颗赤子之心仍然跳动在国难与民忧的情境中。

陆游的传记在《二十四史·宋史》里只有三千八百多字，文字少而又少。笔者为写好陆游，阅读了大量历史文献，分析、对比、综合，深入研究，然而才是构思，提炼素材进行创作。“读十尺厚的书，写半寸厚文章。”很欣慰自己终于拿出这部作品，权作陆游的一次代言人，做个志愿者。我深知这并非易事，自我审视拙作，时有语不尽言之憾。

细思来，用文学笔法写历史人物原本很难。读司马迁的《史记》，我们为之倾倒。他笔下的人物刻画深刻而又真实，语言精练而又栩栩如生，其音容笑貌仿佛可见，其声似在耳畔可闻，读过的每个人物经久不忘。几年后再读，比初读还有魅力，历久弥新，确乎是“史家之绝唱，无韵之离骚”。它给予我们的诸多启迪也是只可思考、学习，而实难达到的境界，如：历史叙事如何与文学表达水乳交融？我认为这是写历史人物成败之所在，这需要高超的文学表现力。仰望司马迁的《史记》，想到这些，只能望洋兴叹。

陆游一生曲折坎坷，笼罩着浓烈的悲剧色彩。我曾拟此书的标题为《长啸悲歌》，即为此意。他心怀社稷，怀抱苍生，深思高举，廉洁清忠，以天下为己任，一生追求中国的统一和富强，一直为他的中国梦而顽强奋斗，慷慨高歌，悲壮激烈。可惜，在南宋，他只能抱憾终生！遥望陆游的背影，且不该以成败论英雄，却应从气节看人品。他作为诗人，作为爱国者，不是失败者，而是胜利者，他走在了时代的前面。故而我在自序中说，陆游的诗作是精神世界的一座高峰，是阳光、春水，他高扬的爱国主义精神代代相传，与山河同在，与日月同辉。他是中华民族精神的守卫者，是中华儿女心中一座耸入云天的丰碑。

笔者请读者重温陆游，亦是意从陆游身上，体验中华民族优秀传统文化。笔者创作设想，书中既要有文学欣赏，又要有理性思考；既要有历史的全面叙说，又要有形象的塑造，不走简单化、表层化或是概念化的捷径，而是走进历史深处，从陆游的人生经历和他的诗文中吮吸天地正气，接受甘霖洗礼，汲取中华民族优秀传统文化的营养。

对于语言的运用，笔者斗胆尝试，以白话为主，试用文言。笔者认为，写历史人物，让人物全说当代汉语，读起来总觉不对味，似是失真，有损人物形象的描绘，且冲淡历史感。如若全用文言，又与今日读者距离遥远，显得陈旧、陈腐，甚至僵化。间用文言，是今日易懂的浅显文言，实际是古人的口语，或者是近代文人的通俗书面语言。与白话融合，可闻古之乡土之音，营造语言环境的历史氛围，体会历史情境，这又是当代人在叙说，有益于引发读者阅读的兴趣。文言简约、典雅、内敛、含蓄、写意，用好会增加文采，并强化行文的节奏感。

笔者一直认为文言是当代语言的乳汁，是中华民族优秀传统文化不可或缺的重要组成部分，不可弃之如敝屣，当吸取其精华，古为今用，创造性继承，创新性活用，故而笔者在行文中也偶用古典文献原句，即有此意。笔者又体悟，仅在一些句子中夹带之乎者也之类，那不是文言，也非俚语。一次友人们闲谈，大家说读这类有卖弄之嫌的文字，有吃了沙子硌牙的感觉。笔者主张应自然、顺畅，与白话融为一体，增强作品语言的诗性与色彩。笔者心意念兹在兹，效果如何，尚待读者检验。不过，窃以为写今人的作品，三五叙事短句，似可偶一为之，但不可多用；余则不宜用文言叙事，否则将淹没时代气息，似孔乙己讲说，酸腐厌人，与时代格格不入，拉远读者与书的距离，犹如隔世，也有复古之嫌，当引以为戒。

我国古典文学博大精深，是思想理念、人文精神、道德规范的宝库，是精美语言文字的锦绣园林，是民族美学的长河，是我们文化繁荣兴盛，取之不尽、用之不竭的源泉。身为中国人，就要有中国文化的主体意识，这与吸纳世界文化精华相辅相成，并不矛盾。珍视中华宝贵遗产，自应漫步历史的碑林，去阅读，博学之，辨思之，笃行之。年轻人即使对中华民族优秀传统文化不甚了解，或一知半解，不须苛责，孺子可教，来日方长。而对中华文化的虚无主义，却万万不可等闲视之，那是要断根灭族地“去历史化”“去价值化”“去中国化”。

中华经典诗词在世界独树一帜，世界没有哪个民族有中国这样源远流长、体式完备、内容丰富多彩的古典诗歌传统。它是我们童年的乳汁，成人的师友，老人的陪伴。它刻在我们心里，不分老幼，终生受益。

有一年，在上海，我看到一个五岁小男孩，面对树林高声背诵道：“白日依山尽，黄河入海流。欲穷千里目，更上一层楼！”他在背诵时，一会儿张开两只小臂，一会儿向天空伸出一只小胳膊。还有一次，在黄河上游，几个儿童面向滔滔河水，高声背诵此诗，这引发人的民族和历史联想。而今，中学语文课本增多了古典文学的篇章，中央电视台上有关学习古典诗词的节目，吸引千百万观众。北方文艺出版社以出版文艺作品立社，精心编辑《走近诗词品人生》这套丛书，并以多媒体合力推出，正是不忘初心，舒张中华文化精髓，引领社会文化风气的自有担当。走进古代经典诗词，远离“一举成名”之类的泛娱乐化节目，温润心灵，启迪心智，陶冶情操，培育亲情、美德，尤有可圈可点之处。我们的心中诗意盎然，生活中诗意灵动，这是多么美好的精神世界！人类对艺术追求的终极是健康之美、优雅之美、语言之美、诗意之美。

诚如傅道彬先生在序中所言，笔者这些年耽于读书、写作，乐于蜗居斗室，得书香文字之趣。不相识的远方读者、相识的本地同志读上自己的几篇文章，表示有所得，愿读，这是同声相应。提出希望继续写作，这是同气相求。

本书出版前，得到数位友人的关心。省委机关刊《奋斗》、省参事室文史研究馆、省文学艺术界联合会、省作家协会、省社会科学院文学研究所、省艺术研究院、《北方文学》杂志社等单位的同志，或读原稿，勉励有加；或著文传播，或热情推介，期许这部作品与广大读者共度美好的阅读时光。

二〇一七年十月，笔者把这部《陆游》书稿的电子版发给北方文艺出版社社长、总编辑宋玉成同志，今即将付梓，这是对陆游的崇敬，对作品的厚爱，更是对笔者创作这部作品的真诚支持和肯定。这期间编辑室主任路嵩按照社长、总编辑的构想，与笔者多次联系，从书稿到装帧设计等，以精品图书为目标，切磋琢磨。在这段时间里，笔者对书稿又进行了两次修订，路嵩不厌其烦，五次通览全部书稿，笔者现借本书与读者见面之际，一并致以衷心的谢忱！

靳国君

二〇一八年九月